O PONTO DE ESCOLHA

Joanna Grover,
assistente social clínica licenciada

Jonathan Rhodes, Ph.D.

O PONTO DE ESCOLHA

Um Método Cientificamente Comprovado para Superar Obstáculos e Alcançar seus Objetivos

Com Prefácio de
Martina Navratilova

Tradução
Marcos Malvezzi Leal

Editora
Cultrix
SÃO PAULO

Título do original: *The Choice Point.*

Publicado mediante acordo com a Hachette Go, um selo da Perseus Books, LLC, uma subsidiária da Hachette Book Group. Nova York, NY, USA.

1ª edição 2025.

Editor: Adilson Silva Ramachandra
Gerente editorial: Roseli de S. Ferraz
Preparação de originais: Adriane Gozzo
Gerente de produção editorial: Indiara Faria Kayo
Editoração eletrônica: Join Bureau
Revisão: Vivian Miwa Matsushita

Dados Internacionais de Catalogação na Publicação (CIP)
(Câmara Brasileira do Livro, SP, Brasil)

Grover, Joanna
O ponto de escolha: um método cientificamente comprovado para superar obstáculos e alcançar seus objetivos / Joanna Grover, Jonathan Rhodes; com prefácio de Martina Navratilova; tradução Marcos Malvezzi Leal. – 1. ed. – São Paulo: Editora Cultrix, 2025.

Título original: The choice point
ISBN 978-65-5736-359-1

1. Intencionalismo 2. Teoria da ação I. Rhodes, Jonathan. II. Navratilova, Martina. III. Título.

25-247422 CDD-158.1

Índices para catálogo sistemático:

1. Intencionalismo: Psicologia aplicada 158.1
Cibele Maria Dias – Bibliotecária – CRB-8/9427

Direitos de tradução para o Brasil adquiridos com exclusividade
pela EDITORA PENSAMENTO-CULTRIX LTDA., que se reserva a
propriedade literária desta tradução.
Rua Dr. Mário Vicente, 368 — 04270-000 — São Paulo, SP — Fone: (11) 2066-9000
http://www.editoracultrix.com.br
E-mail: atendimento@editoracultrix.com.br
Foi feito o depósito legal.

Sumário

Parte III – Ir além

Prefácio de Martina Navratilova

As imagens que guardamos na mente têm imenso poder. A primeira vez que venci o torneio de Wimbledon não foi a primeira vez que senti o troféu nas mãos. Já o vinha segurando na imaginação havia anos. Meu pai plantara a semente quando eu era pequena, dizendo-me que um dia eu seria a vencedora em Wimbledon. Acreditei nele, mas o que conhecia do mundo quando estava no quarto ano escolar?

Não fazia ideia de como seria minha jornada, mas sabia que teria um futuro grandioso. Wimbledon era uma imagem tão icônica que consegui fixá-la na mente. Visualizava a mim mesma assim:

Ganhando o *match point*

Fazendo jogadas grandiosas

Ganhando o troféu

Beijando o troféu

Erguendo-o acima da cabeça

Essas imagens ficaram gravadas em mim. Eu tinha um destino e metas. Como a maioria dos atletas, sou motivada por metas. Felizmente, também contava com a autoconfiança. Sempre achei que podia competir com qualquer pessoa e em qualquer esporte que quisesse praticar. Escolhi o tênis porque amava jogar. No momento em que entrava na quadra, sentia-me em casa. Sempre amei o tênis, e, se pudesse ser vencedora nesse esporte, não seria fantástico? Ninguém me forçou a praticá-lo; ao contrário, na hora de treinar, era a primeira a sair e correr para a quadra.

Aos 5 anos, batia a bola contra a parede por horas a fio, e adorava! É bom lembrar que isso foi muito antes dos *smartphones* e da mídia social. Nunca fiquei entediada, e não me importava em fazer o máximo esforço para me aprimorar – por mais cansativo ou monótono que fosse. Treinar fazia parte do processo, até mesmo com dor. Eu não queria comer a cobertura do bolo e deixar o centro, pois não é assim que se formam campeões. Não escolhi quais partes do condicionamento rigoroso queria fazer; meu compromisso era com tudo. Se tivesse respeito pelo treinador, prestava atenção e fazia a lição de casa.

Talvez você pense: é fácil para você; afinal, é Martina Navratilova. É verdade – eu era uma adolescente chata no trem a caminho de Praga. Levava comigo grandes sonhos, além do material escolar e de uma mala de tênis, quando um estranho me perguntou: "Por que todas essas raquetes?". Eu disse que jogava tênis e confiei, em silêncio, que um dia ninguém mais me faria aquela pergunta.

Se quiser realizar seu sonho, provavelmente você será testado pelas adversidades. É importante ter uma bússola interna que ninguém mais toque: nem os críticos, nem um adversário popular. O propósito de minha vida é um compromisso com os direitos humanos, com a justiça, com um valor herdado de meus pais, que dizem o que pensam. A fama que conquistei com o tênis me possibilita usar minha plataforma para influenciar e talvez mudar a opinião de algumas pessoas preconceituosas.

Claro que não sou perfeita. Mas, quando cometo um erro, aprendo e me adapto. É isso que você precisa fazer quando joga tênis. Esse esporte ensina muitas lições valiosas para a vida.

Na quadra, enfrentei meus nervos e os constantes "e se...?". Fora dela, tive de vencer obstáculos, incluindo as opiniões da mídia e da sociedade. As manchetes eram maiores quando eu perdia que quando ganhava. Naqueles tempos, a situação não era como hoje: os jogadores não podiam se conectar com os fãs em redes sociais. Minha carreira foi uma batalha na gangorra: sentia-me bem-vinda em terras estrangeiras por meus dons atléticos, mas era rejeitada por minha orientação sexual. No entanto, apesar da pressão social da mídia, nunca me perdi. Segui meu caminho e sempre soube, na mente e no coração, que estava além de meu tempo. Era uma mulher *gay* forte, dona de si, com músculos. Acreditava que um dia o mundo me acompanharia, e isso aconteceu.

Conforme Jonathan e Jo ensinam neste livro, conhecer seus "porquês", compreender seu sistema interno de crenças e conectar-se com sua bússola moral serão passos úteis quando a maré estiver contra você. Nesses momentos, insisto, procure sempre uma saída. Não se submeta às convenções; encontre seu caminho.

E preciso de um instante para falar diretamente com mulheres atletas que estejam lendo este livro. Se você é uma delas, mais essencial que nunca é conhecer seus *valores* e seu *valor*. A mídia social deu às pessoas licença para serem tóxicas; por isso, navegar pode ser particularmente difícil para nós, mulheres, porque tendemos a focar no negativo. É fácil internalizar comentários maldosos, e não demora até uma semente de dúvida se transformar em uma árvore gigantesca na mente.

Certo escritor, famoso repórter do tênis, disse-me um dia que eu tinha dificuldade de terminar uma partida. Nunca me abri com ele, mas, na realidade, suas palavras martelaram em minha cabeça por algum tempo. O comentário nem sempre voltava à memória, porém, em geral, quando estava prestes a fazer o *match point*, lembrava-me daquelas palavras e tinha de lutar contra elas. Além disso, não tinha ideia de se eram verdadeiras. Na época, não tínhamos acesso fácil às estatísticas como hoje. Não pude verificar se realmente esse era um ponto fraco do meu jogo. Só me restava refletir, o que, às vezes, me fazia pensar demais antes de um lance. É por isso que recomendo aos atletas não lerem nada do que escrevem sobre eles. Superei esse bloqueio mental com ação. Quando competia naqueles tempos, não tínhamos psicólogos. Quis muito ter ferramentas para me recolocar em um espaço positivo durante a partida. Hoje, porém, existem ferramentas, e o que é melhor: estão ao alcance das mãos. Jo e Jonathan as oferecem neste livro. E os exemplos de ferramentas são: desenvolvimento de hábitos para recondicionar o pensamento, ajuda para vencer as adversidades e se comprometer em atingir metas que lhe são importantes.

Essas ferramentas têm raízes no Treinamento Funcional de Imagens (*Functional Imagery Training* – FIT), área na qual Jo e Jonathan são especialistas. Usei imagens na quadra, mas elas funcionam fora também. Quando vislumbrei o rosto de Julia, percebi que queria ver aquela pessoa por toda a vida. Tivemos algumas dificuldades em nosso casamento e na criação de nossos filhos. Mas sempre volto àquela imagem.

Este livro é sobre encontrar *você* primeiro – seus valores e suas metas – e, em seguida, fazer as coisas acontecerem, por assim dizer, com imagens. Meu maior valor na vida é a justiça. É minha estrela-guia e me ajuda a navegar no mundo. Uma maneira de manifestar esse valor é cercar-me de amigos com opiniões semelhantes, que compartilham do mesmo valor. Quando conheci Jo, confiei nela porque era terapeuta e senti que guardaria consigo tudo o que eu lhe confidenciasse. Além disso, tínhamos o mesmo compromisso com um mundo mais justo. Trabalhamos juntas para cadastrar eleitores jovens em Miami. Frequentamos conferências e eventos para angariar fundos em prol dos direitos LGBT.

Ela é uma boa amiga a quem recorro até hoje para pedir conselhos. Sempre me recebe com a voz tranquila e reconfortante. Assim, tenho certeza absoluta de que as informações e os conselhos que ela oferece em *O Ponto de Escolha* servirão para você em sua vida.

Seja qual for seu sonho, espero que se empenhe em imaginá-lo em sua plena extensão. Pegue a semente do desejo e transforme-a em uma árvore grande, como um carvalho. Creia que pode se tornar uma versão melhor de si, seja na quadra de tênis (ou o equivalente a ela para você), seja na vida pessoal. Espero que consiga, um dia, olhar para trás na vida, na carreira e no legado e dizer: "Fui sincero comigo e trabalhei para aperfeiçoar minha vida, minha família, meus amigos e minha comunidade, dando tudo de mim". O que pode ser mais importante que isso?

O PONTO
DE ESCOLHA

Introdução

"Não me diga que é comediante; conte-me uma piada", disse-me um sábio amigo quando elaborávamos o programa para uma convenção internacional. Suas palavras faziam sentido, pois, embora não soubéssemos no momento, seguíamos um caminho equivocado para o nosso trabalho. Nosso foco era falar em vez de demonstrar; e, antes de cometer o mesmo erro com você, queremos lhe oferecer um *test drive* mental. Vamos lá... pense na palavra a seguir com o máximo de detalhes que puder:

E-mail. Sim, *e-mail*.

O que esse termo significa para você? Se possível, tente ativar seus sentidos. Como eles são afetados pela palavra?

Quando você lê *e-mail*, pensa em algo específico ou tem uma sensação peculiar? Claro que o "peculiar" é diferente para cada indivíduo. Alguns podem pensar em receber *e-mails*; outros se imaginam escrevendo um *e-mail*, ouvindo mentalmente os dedos tocando o teclado. Outros talvez se vejam sentados lendo as palavras na tela ou pensem no ícone no celular ou na notificação com a quantidade de *e-mails* não lidos: por exemplo, 56! Talvez você tenha pensado em outra coisa ainda, como deletar um *e-mail*. A sensação deve ser boa.

Quando você dá atenção a determinado pensamento, nesse caso a palavra *e-mail*, provavelmente o carrega de importância e emoção. Logo que começa o falatório interno – a autoconversa desencadeada pela leitura e pela repetição da palavra na mente –, também têm início as imagens. O processo de criar representações mentais por intermédio de sons, aromas, gostos, toques, movimentos, visões e emoções chama-se formar imagens. Cada um usa as imagens de modo diferente. Quando focamos em um pensamento, por exemplo, comer um pedaço de bolo, o modo de experimentarmos esse pensamento varia de pessoa para pessoa, de acordo com a preferência, a experiência e aquilo que chamamos de "elaboração", à medida que você imagina o toque, o cheiro, o gosto e a sensação emocional de saborear a fatia de bolo. Se você elaborar o pensamento em detalhes, já sabe o que acontece: deseja ardentemente o bolo. Talvez corra até a cozinha ou a padaria mais próxima antes de continuar a leitura deste livro. Nossa mente é poderosa, e nossa habilidade de imaginar cenários pode determinar boa parte de nossas ações. Às vezes, essas ações são contraproducentes às nossas metas (Coma esse bolo! Desista desse projeto!). Mas não precisam ser. Você pode direcionar o poder extraordinário da mente para aprimorar suas ações (Coma a salada em vez do bolo. Termine esse projeto). Este livro lhe oferece uma ferramenta para esse fim: tornar-se condutor em vez de passageiro de sua mente.

Na hora de definir uma meta, a maioria das pessoas não a planeja com eficácia nem usa imagens multissensoriais para discernir o processo de alcançá-la. Portanto, quando se deparam com um desafio, essas pessoas não o veem como um obstáculo na pista, mas, sim, como uma muralha. Acabam desistindo dela porque não desenvolveram as habilidades para lidar com a necessidade de grande empenho e perseverança.

Se quisermos alcançar nossas metas de maneira mais eficaz, devemos usar as conversas e imagens internas para prever o resultado (sucesso ou fracasso) e o processo (grande empenho e perseverança) da jornada. O modo como elaboramos esse resultado e esse processo na visão mental influencia as probabilidades de alcançarmos nossos objetivos. Literalmente, o futuro que imaginamos e a atenção que damos a esse pensamento impulsionam nosso esforço, que, por sua vez, influencia nosso comportamento e os resultados finais.

Você pode usar imagens para definir suas metas por meio da fantasia, a começar por imaginar como seria o gosto do sucesso, talvez na forma de uma promoção no trabalho, ou a conquista de uma medalha olímpica, ou as férias em uma praia do Pacífico, dependendo de sua meta. A partir daí, pode dividir a meta em pequenos passos e imaginar como será a sensação, o aroma, o gosto, o som e a aparência de cada estágio. Esse processo constitui a base das imagens multissensoriais. Um benefício crucial dessa abordagem fica evidente quando você se depara com um desafio. Como já imaginou a ocorrência dele e planejou maneiras de superá-lo, poderá vê-lo não como uma muralha, mas, sim, apenas como um obstáculo na pista, e então poderá ganhar velocidade e pular por cima dele.

Neste livro, você aprenderá a treinar sua habilidade de criar imagens, podendo, assim, aperfeiçoar seu planejamento e manter-se firme nas metas. Talvez não perceba o poder de sua imaginação agora, mas logo aprenderá a medi-la, treiná-la, direcionar seu potencial e refiná-la para seu crescimento pessoal e para o bem das pessoas e das comunidades que lhe são queridas.

A base deste livro é um extenso material de pesquisa acadêmica chamado *Functional Imagery Training* (FIT), mostrando que as imagens mentais estimulam as emoções, as quais, por sua vez, são a chave para amplificar a motivação e mudar comportamentos. Psicólogos acadêmicos da Universidade de Plymouth, no Reino Unido, e da Universidade Queensland, na Austrália, empenhados no estudo do vício, desenvolveram o programa. Observaram que pessoas vítimas de vícios tinham boa intenção e forte desejo de largar os hábitos destrutivos; porém, o vício dominava seus pensamentos, resultando frequentemente em recaídas. FIT é um método que ensina a pessoa a controlar o anseio do vício (e outras decisões baseadas em prazer), treinando-a para se apegar a uma meta-alvo.

Expandimos o modelo FIT para incluir novas ferramentas que aperfeiçoam o desempenho. Você encontrará aqui técnicas que criamos para interromper velhos hábitos, por exemplo, SLAPP*, disponível ao público pela primeira vez neste livro. Criamos um modelo para equipes que chamamos de AIM: *Applied Imagery for Motivation*, ou seja, Imagens Aplicadas à Motivação, pois o FIT foi desenvolvido basicamente para aconselhamento individual. Escrevemos *O Ponto de Escolha* para você sentir como se estivesse diante de nossa mesa e fôssemos seus *coaches* de imagens. O Ponto de Escolha – conceito utilizado no título deste livro – é o momento exato em que você decide desviar a atenção de um pensamento indesejável que talvez possa impedi-lo de fazer a escolha consciente de perseverar no caminho de sua meta (ou não). É aquele instante em que você pergunta a si mesmo: "Continuar ou não?". Este livro é o mapa de como usamos o FIT para mudar o comportamento humano. Compartilhamos nossas histórias pessoais e as de

---

* O acrônimo SLAPP (*stop*, *locate*, *activate*, *park*, *plan*) foi desenvolvido como um lembrete para seguir um processo ao usar imagens. Seria algo como parar, encontrar uma sugestão para aquilo que se deseja alcançar, ativar as imagens mentais para alcançar esse fim, parar o pensamento negativo e planejar a ação.

O SLAPP interrompe o pensamento negativo usando uma "dica", muda o pensamento para imagens positivas, reprimindo explicitamente os pensamentos negativos, planejando, em seguida, um desempenho proativo imediato. (Fonte: <https://www.plymouth.ac.uk/research/psychology/applied-psychology/functional-imagery-training>.) (N. da P.)

nossos clientes: *coaches* em busca de novos meios de lidar com velhos problemas; executivos estressados à procura de equilíbrio entre trabalho e vida pessoal; atletas olímpicos que desejam medalhas; e pessoas comuns em busca de um estilo de vida mais saudável. Não importa quem você é, qual é a sua meta ou em que ponto da vida está neste momento: este livro é para você.

Como autores de *O Ponto de Escolha*, aproximamo-nos sob circunstâncias incomuns, mas com visão comum. O doutor Jonathan Rhodes é desenvolvedor entusiástico do FIT e psicólogo cognitivo, pesquisador da Universidade de Plymouth. É até hoje o único a pesquisar e a usar o AIM com grupos, incluindo times de futebol profissionais, equipes de regata, grupos de educadores, organizações corporativas e até o Exército britânico. Jo Grover é ativista comunitária entusiástica, assistente social e *coach* em Miami, na Flórida, que se aventurou na Inglaterra após dilacerar o ombro em um acidente equestre. A queda durante uma competição no Kentucky esmagou mais que seu braço: diminuiu sua autoconfiança e o amor por um esporte que ela adorava. O cirurgião e o fisioterapeuta a ajudaram na cura do corpo; o FIT a auxiliou a vencer o medo que o acidente deixou na mente. Com o FIT, ela aprendeu a confiar novamente em si mesma e no cavalo. Juntos, eles venceram dois campeonatos antes de ela abandonar a sela de uma vez, porém por escolha própria. Jo foi a primeira pessoa nos Estados Unidos a receber um certificado FIT. Descobriu que o método funcionava com mais eficiência e produzia mudança mais duradoura e profunda em seus clientes que a terapia comportamental cognitiva que usara anteriormente.

Jonathan escreve na qualidade de consultor acadêmico e de desempenho, enquanto Jo, como cliente e terapeuta. Escrevemos com a cabeça e o coração. Nosso trabalho de autores colaborativos começou depois de uma chamada de vídeo durante o *lockdown* da pandemia de covid-19 em 2020, com Jonathan a 724 quilômetros de distância, no sul da Inglaterra, região varrida pelos ventos, e Jo sob as copas das palmeiras no sul da Flórida. Não nos conhecemos pessoalmente enquanto escrevíamos este livro. Era um desafio por causa dos fusos horários, do estilo de escrita, dos compromissos profissionais, da vida familiar... e falamos dos estilos de escrita? Enfrentamos todos esses desafios porque éramos motivados por valores coletivos – serviço e educação – e juntos imaginávamos os benefícios que outras pessoas teriam se aprendessem a usar melhor a imaginação para alcançar metas. De fato, os benefícios relatados por muitos de nossos clientes transcendem suas metas pessoais. Eles passam a dormir melhor e vivenciam outras melhoras na qualidade de vida, como comunicação mais clara, menos estresse, sentimento mais profundo de propósito e felicidade, coerência entre desempenho e objetivo, além de maior sentido de pertencimento. Queríamos compartilhar o que sabíamos acerca da ciência do sucesso, histórias reais de perseverança e superação diante das dificuldades, para que você, querido leitor, também possa desfrutar desses benefícios.

Posteriormente, desenvolvemos uma empresa chamada Imagery Coaching. Prestamos consultoria a executivos da *Fortune 500*, empresários, atletas profissionais, socorristas, enfermeiros, professores, estudantes, *coaches*, instituições educacionais e membros da elite militar. Elaboramos cursos internacionais de treinamento para instruir a próxima geração de *coaches* de imagens. Acreditamos que essa forma de *coaching* deveria ser acessível a mais pessoas; por isso, vinte por cento de nossos estudantes recebem bolsa integral para treinar conosco. Essas bolsas de estudo são concedidas àqueles que, de outro modo, não teriam acesso ao *coaching* por causa da situação socioeconômica. Apoiamos iniciativas locais e globais de mudança como a Climate Coaching Alliance, rede de *coaches* executivos que trabalham com organizações sobre o clima. Temos grandes aspirações para instituir um Dia das Nações Unidas para Imagens, no qual ensinaríamos líderes mundiais e ativistas ambientais a elaborarem, juntos, soluções para a mudança climática, com criatividade e colaboração; e continuamos a expandir o portfólio de pesquisas do modelo FIT com indivíduos e do modelo AIM com equipes.

É isso o que somos. Mas este livro, como já dissemos, é sobre *você*. Seus sonhos, suas metas, suas aspirações – seu significado e seus valores. Sua comunidade e seus contatos. É um livro sobre levar em consideração suas metas, imaginá-las e torná-las concretas.

Como usar este livro

Criar imagens é algo íntimo e emocional. Seja gentil e paciente consigo mesmo. Faça o trabalho com um amigo ou seja seu próprio melhor amigo. Os exercícios propostos revelarão um sentido mais profundo de significado e conexão. Como a imaginação é pessoal, temos uma série de testes e medidas que lhe dão um ponto de partida para atingir sua meta. Os capítulos se apresentam de maneira estruturada, com a intenção de dar apoio ou planejar uma jornada pessoal com o FIT, à medida que você reflete sobre o trabalho com estes cinco passos: seus valores, suas crenças, sua atitude, suas cognições e seus comportamentos. Na Parte I, focamos nos três passos iniciais (valores, crenças e atitude). O treinamento com imagens é mais eficaz quando você percebe, com clareza, quais são suas metas e se reconecta com o que é importante para você, de fato.

Na leitura geral, mas principalmente nos três primeiros capítulos, recomendamos fazer anotações e registrar o progresso em um diário, como se você fosse um pesquisador de sua mente. O diário proporciona espaço para autorreflexão e incubação mental, e você é encorajado a pensar sobre o próprio pensamento. Parece banal, mas é preciso ter um espaço para pensar: *Por quê?* Nesses pontos, enquanto escreve no diário e faz uma reflexão crítica, talvez seja bom interromper a leitura e deixar os pensamentos de molho. Volte à seção mais tarde no mesmo dia, no dia seguinte ou quando sentir que é hora de continuar. Em outras palavras: recomendamos que não leia este livro tão rápido como uma criança de 5 anos come um sanduíche. Leia devagar como uma pessoa de 55 anos comeria o mesmo sanduíche, saboreando e ponderando a cada pedaço.

No início da Parte II, focamos no treinamento com imagens, que é o passo cognitivo da jornada. Esperamos que você acompanhe esse material com curiosidade e concentre-se em sua meta. Na Parte II, você pode explorar sua jornada detalhada de imagens, desde o passo 1, valores, até o passo 4, cognições. Nós o convidamos a medir sua habilidade com imagens e, então, refinar cada um dos aspectos multissensoriais, ou seja, as imagens visuais, auditivas e cinestésicas. Para cada área sensorial, será melhor fazer anotações e continuar a refletir enquanto põe a teoria em prática. Caso se sinta travado, cada capítulo oferece oportunidades para resolução de problemas e mostra como outras pessoas conseguiram lidar com a prática diária de criar imagens.

Assim que começar a prática das imagens, você entrará no passo final: mudança de comportamento. Nesse ponto, experimentará o que funciona melhor no seu caso, de acordo com sua prática aplicada. Para acentuar os comportamentos e perseverar em momentos de desafio, oferecemos mais instruções sobre como aplicar o FIT de maneira que ajude o praticante a criar uma rotina e recondicionar o pensamento, quando necessário. Mais uma vez, estude a Parte II devagar e descubra o que funciona melhor para você.

Até agora, falamos de você, de sua meta e de sua prática de imagens. Quando estiver conectado com seu senso de propósito, seu significado e sua ação, estará pronto para descobrir como as imagens podem ser usadas na comunidade. A Parte III estende-se além do indivíduo, e focamos nos detalhes de como as imagens podem ser utilizadas em grupos e equipes. Adaptamos o FIT de um modelo estrito para indivíduos a uma aplicação usada com equipes: AIM. Quando as equipes alcançam metas desejadas, podem trabalhar juntas para atingir outras metas mais complexas, transcender da resolução de problemas organizacionais, como gerenciamento de pessoas, para a abordagem de interesses globais, como a mudança climática.

Por que usar este livro?

Embora exista uma enxurrada de livros de autoajuda que prometem mudança pessoal, poucos trabalham de dentro para fora, a começar com valores. E menos ainda se baseiam em análise de pares, ciência acadêmica que documenta como nossa imaginação pode amplificar a motivação e incentivar uma mudança sustentável de comportamento. *O Ponto de Escolha* mescla ciência com mudança pessoal e proporciona ao leitor um conjunto de ferramentas adequadas para suas dificuldades e suas metas, cobrindo desde os objetivos de bem-estar pessoal até a reconstrução do sentido de pertencimento e propósito.

Há décadas atletas vêm usando imagens na hora de ensaiar desempenho e manter o foco, apesar das pressões ambientais que enfrentam durante a competição. Você poderá vislumbrar a imaginação de campeões de tênis, nadadores olímpicos, mergulhadores, jogadores de rúgbi e futebol, corredores de ultramaratonas, detentores de recordes mundiais, CEOs, líderes industriais globais e tropas militares de elite para compreender como as mesmas práticas de criar imagens podem ser utilizadas para moldar sua vida. Apresentamos uma grande variedade de histórias que demonstram o poder de direcionar imagens para apoiar indivíduos e equipes quando encontram seu caminho e o seguem até realizarem suas metas. O leitor está pronto para se adaptar? Pronto para realizar? Pronto para persistir? Pronto para testar a ciência e aumentar sua motivação? Você está pronto para amplificar *a si mesmo*? Então, mãos à obra!

PARTE I

Como Vencer as Muralhas Mentais

CAPÍTULO 1

Do Motim Mental às Imagens Motivacionais

Que haja abertura na quietude
sob o caos, onde encontrarás a paz
que não julgavas existir e verás o que reluz
em meio à tempestade.
- JOHN O'DONOHUE, poeta irlandês

Imagine que seu despertador toca bem cedo em uma manhã de janeiro. Você acorda e dá uma olhada lá fora. Está frio e chovendo. Apesar de focado no compromisso interno, com a intenção de se manter saudável, você resolve não sair para correr. Pensa: *Amanhã o clima estará melhor*. Volta para a cama confortável e cochila mais uns trinta minutos. Por fim, levanta-se e sente-se culpado. É uma sensação desanimadora, que acaba com a esperança de começar o ano com uma saúde melhor. Um pouco envergonhado, você decide fazer um café da manhã reforçado, para se animar. Mas percebe que o mesmo aconteceu ontem e anteontem. Pensa: *Talvez eu tente de novo em fevereiro*. Esse é o Ponto de Escolha: correr ou não correr? Eis a questão.

Na realidade, perguntamos a nós mesmos "fazer ou não fazer" todos os dias, e acabamos tomando decisões que influenciam nosso comportamento a partir daquele momento. Os Pontos de Escolha geralmente acontecem quando enfrentamos um desafio. Surgem no decorrer de (ou logo antes de *não* fazermos) uma variedade infinita de atividades: trabalhar no escritório, redigir uma dissertação, estudar para um exame, escalar uma montanha, nadar mais alguns metros ou lidar com uma dinâmica difícil em um relacionamento. Para cada um de nós, a decisão de um Ponto de Escolha tem o poder de definir quem somos: corredor de maratona/não corredor de maratona, acadêmico/não acadêmico, saudável/não saudável.

Quando você chega a um Ponto de Escolha, já investiu, em geral, muita energia, emoção e atenção e fez inúmeros sacrifícios pessoais que o deixaram com sentimento de exaustão ou perda de motivação. Quando se sente exaurido, pensamentos negativos se juntam em uma rebelião declarada, e os desafios parecem insuperáveis. Esse é o momento em que você precisa tomar uma decisão crítica que revelará aspectos de seu caráter: sua resiliência mental e determinação. Normalmente, temos entre seis mil e sessenta mil pensamentos por dia.[1] Se você compreender que é livre para decidir quais desses pensamentos são úteis e podem mudar sua vida, verá que tem o potencial para moldar seu destino. Entretanto, nossas decisões nem sempre correspondem à força de vontade, porque, nesse Ponto de Escolha crítico, nos esquecemos de nos perguntar *por que queremos* agir de determinado modo e o que isso *significa* para nosso futuro.

O Ponto de Escolha é um momento que oferece duas opções: motim mental ou controle cognitivo. Enquanto o motim mental ameaça nos levar à decepção em nossas ações, o controle cognitivo é antítese, arraigado em um compromisso com nossas metas de longo prazo, nossos valores e significado.

Em um único dia, mesmo que apenas um décimo dos seus seis mil pensamentos for de Pontos de Escolha, significa que há sessenta momentos críticos ou oportunidades de escolher "sim ou não", "parar ou seguir", "desistir ou continuar". O Ponto de Escolha não é inconsciente; envolve o pensamento consciente. Portanto, você tem o poder de administrar esses pensamentos logo que eles surgem, em vez de relegá-los a uma queda de braço com a força de vontade, luta essa que você pode perder por causa da fadiga mental.[2]

No entanto, constatamos que, ao ensinar nossos clientes e participantes de nossas pesquisas a administrar a própria atenção em momentos específicos do dia, percebendo obstáculos e planejando os passos seguintes por meio de imagens, eles relatam mais força de vontade e sentido mais apurado de livre-arbítrio, o que aumenta a autoconfiança e melhora o desempenho.

Escolha de acordo com seus valores, não de acordo com seus impulsos

Em nosso trabalho e pesquisa, descobrimos que os valores essenciais geralmente são negligenciados ou comprometidos diante das oscilações diárias nas circunstâncias pessoais, como mudança de emprego ou compromissos familiares. Com essas mudanças de prioridade, o modo de cada indivíduo lidar com seu Ponto de Escolha passa a ter consequência maior. Quando as pessoas priorizam seu valor essencial, colocam a saúde acima de tudo noventa e nove por cento do tempo. Sim, acima da família, dos relacionamentos, da felicidade, da paz mundial. Todos nós sabemos que, se quisermos ter boa saúde, devemos praticar exercícios físicos, ingerir os nutrientes certos e permanecer hidratados. Entretanto, em 2021, a Organização Mundial de Saúde calculou que 2,8 milhões de mortes tinham correlação direta com a obesidade.[3]

Muitas dessas mortes poderiam ter sido evitadas. As pessoas *sabem* se alimentar de maneira saudável, sabem a importância da hidratação e sabem que precisam se exercitar. Muitas, porém, optam por não praticar atividade física todos os dias porque sempre existe o amanhã. Todavia, as ações de hoje geralmente nos levam a ter o mesmo pensamento, a mesma desculpa e a mesma falta de progresso no dia seguinte.

Se a saúde pessoal é tão importante para nós, por que temos tanta dificuldade de tomar decisões que só nos beneficiariam? Essa pergunta interessante é o ponto de partida de nossa pesquisa: por que algumas pessoas optam pelo certo, e outras, não?

A resposta está na atenção e na imaginação. Um exemplo drástico de como isso funciona foi observado no mais significativo estudo já realizado sobre perda de peso sem medicação. Conduzido por Linda Solbrig, Ph.D., e por colegas da Universidade de Plymouth, na Grã-Bretanha, e da Universidade Queensland de Tecnologia, na Austrália, acabou se tornando o estudo de FIT publicado mais lido a respeito de perda de peso.[4] Na investigação em 2018, 121 participantes foram selecionados com base em um anúncio colocado em um jornal local em Plymouth. Foram divididos em dois grupos aleatórios. Um grupo passou por entrevista motivacional, modo de intervenção baseado em evidências e centrado no cliente, o qual é exposto a perguntas abertas, afirmações, reflexões e sumários. A entrevista motivacional é o padrão da "conversa sobre mudança" (método que instiga as pessoas a falarem sobre soluções e planos) utilizada por professores, médicos, *coaches*, terapeutas e conselheiros em todas as áreas. O outro grupo recebeu treinamento FIT e aprendeu a usar imagens para planejar, prever obstáculos e experimentar novas soluções com base em sucessos passados.

Solbrig trabalhou com os dois grupos por um período de seis meses e retomou o experimento doze meses depois. O tempo investido no programa foi breve para ambos os grupos: cada participante recebeu apenas uma sessão individual de uma hora; uma ligação telefônica de acompanhamento (de 45 minutos ou menos); telefonemas para checagem (de 15 minutos ou menos) a cada duas semanas, por três meses; e, por fim, telefonemas para checagem mensais, por três meses. Cada participante teve apenas quatro horas de contato com Solbrig. Os resultados foram notáveis e publicados pela mídia internacional.

O grupo FIT perdeu, em média, quatro quilos no cálculo do sexto mês, e o mais importante: os resultados continuaram após a intervenção. Após doze meses, o grupo FIT perdera uma média de 6,5 quilos, enquanto o grupo motivacional que passou por entrevistas perdeu apenas cerca de 600 gramas. Apesar de não receber apoio depois dos seis primeiros meses, os participantes do FIT continuaram a progredir. Até a realização do estudo, esse tipo de resultado era inédito em um plano de perda de peso. Com apenas quatro horas de contato com o praticante de FIT nos seis meses iniciais e zero contato na segunda metade, o grupo FIT tornou-se autossuficiente e autodirigido, e os participantes progrediram em direção às suas metas. Parece que o FIT lhes deu a confiança e as ferramentas para persistir.

Vejamos um resumo do que os participantes do grupo FIT conseguiram.

- Exploraram discrepâncias entre seus valores essenciais e o comportamento presente.
- Imaginaram sucesso em cada passo do caminho planejado e visualizaram-se alcançando a meta.
- Aprenderam e ensinaram, ao mesmo tempo, a usar imagens como hábito diário, ancorando-as em um ritual, como beber café de manhã ou escovar os dentes.

O FIT ensina as pessoas a administrarem impulsos, substituindo um pensamento indesejável por uma imagem orientada por metas.

Compreenda o pensamento espontâneo

Se você já esperou um trem em uma estação, deve ter notado como a atenção muda de um pensamento para outro. Exemplifiquemos: enquanto está na plataforma X, você vê um trem chegar à plataforma Y. Dentro dele, as pessoas carregam malas e parecem prontas para uma viagem de férias. Você lê o destino do trem na lateral externa: Aeroporto. Pensa: "Para onde vão essas pessoas?". *Para algum lugar ensolarado, com certeza!* O trem parte. Em seguida, na plataforma Z, um trem guincha até parar, e você vê as pessoas que o aguardam usando roupas de trabalho. Dessa vez, nem quer ler o destino dele, e sua atenção retorna para a plataforma Y, onde parou outro trem.

Assim como os trens, os pensamentos são frequentes, e você tem o livre-arbítrio para entrar no trem ou só observá-lo enquanto passa. Mas, como sabemos, só é possível pegar um trem por vez.

Exercer o livre-arbítrio é, na realidade, um comportamento aprendido. Podemos utilizar os momentos críticos de decisão, os Pontos de Escolha, em nosso benefício, controlando o modo como dirigimos a atenção. Quando os pensamentos entram na consciência e escolhemos ficar com aqueles que nos conduzem às nossas metas, desenvolvemos mais autocontrole e nos tornamos conscientes de nossas escolhas. Com o tempo, aprendemos a administrar a atenção e focar no que é importante para nós.

Um pensamento espontâneo é qualquer ideia, lembrança, sentimento ou fantasia que apareça na mente, e, de modo geral, não temos muita escolha quanto à sua chegada. Estamos sempre pensando, de maneira consciente ou não, mas um pensamento espontâneo é aquele ao qual nos apegamos, mesmo que apenas por uma fração de segundo, antes que passe como um trem ao sair da plataforma. Como os pensamentos espontâneos nos conduzem não só *até* nossos Pontos de Escolha, mas também *por intermédio* deles, cientistas têm trabalhado no sentido de determinar a quantidade de "trens" de pensamento que vemos passar todos os dias. Para esse cálculo, tiveram de mapear o cérebro e medir os pensamentos das pessoas enquanto descansavam e também durante a realização de tarefas, observando como surgem e com que frequência. Essa tarefa aparentemente impossível exigiu milhões de dólares, instalações de primeira classe e os melhores especialistas em cérebro reunidos para colaborar com a pesquisa. O projeto Human Connectome foi lançado em 2009 com o objetivo de mapear a totalidade do cérebro humano por meio de escaneamento. O conjunto enorme de dados está disponível ao público; portanto, se tiver interesse, conhecimento básico e tempo, pode conduzir uma análise e tirar as próprias conclusões.[5]

Um grupo de pesquisadores concentrou-se em medir a quantidade de pensamentos espontâneos que as pessoas têm a cada dia, em comparação com as tarefas às quais se dedicam.[6] Eles se referem aos fragmentos neurais como "minhocas do pensamento" (não confundir com "minhocas auditivas": aquelas músicas que grudam no cérebro). Uma minhoca do pensamento é medida por meio de ressonância magnética funcional (RMf), a qual é mapeada, por sua vez, em uma representação visual. O pico de atividade cerebral a partir de um pensamento pode ser observado na RMf como um "segmento do tipo minhoca" contínuo, serpenteando em meio a uma rede de passagens neurais, até emergir na superfície. Enquanto alguns pensamentos são retidos por longos períodos, a maioria é curta e transitória, desaparecendo tão rapidamente como surgiu. Em todos esses casos, quando a "minhoca" chega à consciência, é apenas questão de tempo até sumir do escaneamento do cérebro, como se fosse engolida por um pássaro.

Por exemplo, o telefone ou o computador emite um som (*plim!*), e sua atenção se desvia do foco anterior. Você decide olhar o aparelho. Isso é o que chamamos de pensamento espontâneo voluntário, porque o gatilho (*plim!*) criou um pensamento (verificar a origem do som). Por outro lado, um pensamento espontâneo involuntário parece aleatório. Rumina nas profundezas do subconsciente (por exemplo, colocar leite na lista de compras) e, de repente, emerge na superfície!

Os pensamentos espontâneos podem ocorrer com alta frequência quando você realiza atividades repetitivas, como lavar a louça, treinar na academia ou redigir um *e-mail*. Para todos nós, alguns pensamentos emergem e são retidos, enquanto outros se dissipam.

Um impulso para aproveitar o prazer de curto prazo é a primeira reação quando uma pessoa chega ao Ponto de Escolha; porém, esse prazer pode frustrar nossas metas de longo prazo, porque os pensamentos em torno delas tendem a emergir lentamente na consciência, enquanto a satisfação imediata é rápida. Acordamos para correr ao ar livre, com a intenção de melhorar a saúde, mas surgem desculpas porque o prazer imediato de curto prazo é uma cama quentinha e confortável. É quase como se tivéssemos duas espécies de minhocas do pensamento: a meta de longo prazo e a satisfação de curto prazo. Ambas partem do mesmo ponto, mas uma desliza até o consciente por uma avenida com trânsito limitado, enquanto a outra segue por ruas da cidade na hora do *rush*. Isso significa que as duas minhocas do pensamento não chegam ao consciente ao mesmo tempo; o prazer imediato, de curto prazo, que é o pensamento de uma satisfação rápida, chega antes.

A decisão rápida que você toma naquele momento específico do Ponto de Escolha pode ser destrutiva para suas metas porque raramente gera sucesso duradouro. Os pensamentos iniciais de prazer são simplesmente uma resposta automática, uma cognição espontânea que experimentamos e à qual damos atenção; todavia, acabamos reagindo a ela de maneira contraditória à nossa meta de longo prazo. Neste livro, você aprenderá a modificar esse pensamento inicial, substituindo a satisfação rápida, por exemplo, um desejo imediato ou a vontade de desistir perante um desafio, por um pensamento de futura satisfação e conquista. Assim, poderá focar nas metas e se tornar resiliente às adversidades.

Retreine suas minhocas do pensamento

As minhocas do pensamento são constantes. Embora alguns pensamentos espontâneos sejam involuntários e pareçam aleatórios e outros sejam planejados voluntariamente de acordo com desencadeadores, todos emergem de maneira individual. Damos atenção à maioria dos pensamentos de um modo que parece incontrolável e resulta em falta de foco. A cada dia, como no dia anterior, cumprimos nossas tarefas rotineiras e damos atenção exclusiva a alguns pensamentos (não todos) porque nos parecem mais importantes. Por quê?

Emoção. A emoção impulsiona nosso pensamento. Por exemplo, em geral, comemos não porque temos apetite, mas, sim, por causa de um desejo de sentir o prazer proporcionado pela comida. Pense no chocolate. Quando damos atenção ao deleite e à satisfação que ele proporciona, começamos a pensar no estímulo e no desfrute potencial com detalhes. Quando Bridget Jones se sente deprimida, recorre ao sorvete. Por quê? Para satisfação emocional. No decorrer de nossa vida, as experiências reforçam a satisfação imediata e nos condicionam a ela, à opção do prazer de curto prazo: comer, procurar conforto ou satisfazer a algum desejo interno de maneira que evoque sentimentos de satisfação potencial imediata.

Se você não saiu para correr em uma manhã chuvosa, saiba que a decisão já estava tomada. Sua minhoca do pensamento "ficar na cama" entrou no subconsciente no dia anterior. Você preparou uma desculpa antes de precisar usá-la. Nós sempre nos precavemos. Os escaneamentos cerebrais revelam que, mesmo antes de começarmos uma tarefa, percebemos o resultado.[7]

Ao se empenhar em uma tarefa complicada, você enfrentará um grande desafio, prevendo o trabalho difícil assim que surgirem os pensamentos espontâneos dizendo que deve parar, ou pior: desistir. Contudo, considere como sua vida poderia mudar se você soubesse que era capaz de reter as minhocas do pensamento para que o pensamento na meta de longo prazo aparecesse logo, seguindo pela rodovia em uma Ferrari, enquanto a opção de satisfação rápida caminha.

Para testar o poder do FIT, Jonathan e seus colegas recrutaram um grupo de 31 indivíduos que se consideravam "não corredores", valorizavam a importância da saúde, mas não tinham motivação para o exercício físico regular. A princípio, o grupo passou por uma entrevista motivacional, com o intuito de explorar metas, evocar motivação e desenvolver um plano de autoprescrição. Na sequência, os indivíduos poderiam escolher a forma de exercício que considerassem mais eficaz. Cinco meses depois, foi perguntado aos participantes se gostariam de correr em uma ultramaratona. Jonathan achava que ninguém aceitaria, porém, para sua enorme surpresa, quinze concordaram em tentar.

Esses quinze participantes foram divididos em dois grupos: um com entrevista motivacional em que os membros recebiam apoio de um psicólogo; e outro FIT, cujos membros aprendiam a retreinar as minhocas dos pensamentos usando imagens multissensoriais.

Oito meses mais tarde, os participantes correram uma ultramaratona. Os membros do grupo FIT eram cinco vezes mais propensos a terminar a corrida que aqueles que não receberam FIT.[8] Descobrimos que, mesmo nos momentos de intensa fadiga e, às vezes, de dor, quando as emoções estavam hipersensibilizadas porque os participantes tinham corrido várias horas e estavam com frio, com fome e ensopados, conseguíamos retreinar as minhocas do pensamento do grupo FIT durante a corrida para a meta desejada.

FIT foca na atenção

FIT é uma intervenção que qualquer indivíduo pode usar para dominar os próprios pensamentos, direcionando a atenção a metas de longo prazo, promovendo constância, desempenho ideal e confiança. Os participantes do FIT nos estudos de perda de peso e da ultramaratona desenvolveram o hábito de criar imagens e, em outro estudo FIT, melhoraram a aderência aos exercícios físicos.[9] Todas as manhãs, enquanto faziam café ou punham a chaleira para ferver, imaginavam maneiras de vencer obstáculos e planejar pequenos passos com o intuito de melhorar a saúde e manter comportamentos saudáveis. Portanto, o FIT vai além das metas iniciais – nesses exemplos, perder peso, ficar em forma e melhorar a saúde – e foca em manter os resultados.

Pesquisadores constataram que podemos administrar nossos pensamentos iniciais com o uso de desencadeadores: simples "gatilhos" comportamentais que nos lembram do foco.[10] Um desencadeador, na definição usada em psicologia, é um ato explícito que aciona as minhocas do pensamento. Talvez você já tenha vários desencadeadores em seus hábitos diários. Pode iniciar o banho logo de manhã e, em vez de aproveitar a água quente, começar a planejar o dia, pensar na roupa e nas reuniões. Enquanto os desencadeadores internos têm base fisiológica, como temperatura do corpo e batimento cardíaco, os externos são aquelas coisas que você sente ou vê e desencadeiam um pensamento, por exemplo, tomar banho ou olhar os sapatos. Essas informações são importantes porque, se nos planejamos para desencadeadores externos, integrando-os à nossa rotina diária, conseguimos administrar nosso pensamento de maneira produtiva e proativa para nos guiar em direção às metas estabelecidas.

Entretanto, tornamo-nos vítimas dos desencadeadores todos os dias e nos perdemos na rotina. Ligamos a televisão e vemos propagandas que evocam pensamentos espontâneos. Depois, pegamos o celular e clicamos no Instagram/Facebook/*e-mail*. Você já se percebeu desviando a atenção de algo importante que estava fazendo "só para checar" as mensagens no telefone? E, quando fazemos essa checagem, os pensamentos que ela desencadeia geralmente são desconexos, criados por mensagens e vídeos aleatórios, conteúdos que capturam a atenção mesmo sem percebermos. Passamos cinco, dez minutos, e, de repente, lá se foi o tempo. O que seria uma verificação rápida resultou em devaneio. Precisamos, em vez disso, de desencadeadores mais explícitos que nos lembrem de nossas metas de longo prazo ou daquelas baseadas em tarefas, bem como da importância dessas metas. O FIT cumpre esse papel focando nossa atenção.

Encontre seu exemplo

Para encontrar um exemplo pessoal, convidamos o leitor a se lembrar de um momento específico em que experimentou alto nível de foco e atenção, como na hora de redigir um texto, pôr em prática uma habilidade ou talvez até cozinhar. No decorrer dessa tarefa, você pode se ver em uma espécie de fluxo no qual se deixa absorver totalmente pela atividade e produz muito. Enquanto está nesse estado mental, os pensamentos espontâneos se harmonizam e trabalham juntos para ajudar a completar a tarefa. Esses pensamentos harmoniosos entram e saem, mas a conexão permite que você retenha o foco por longos períodos, de modo que consiga resolver problemas e canalizar a energia mental.

Ao se lembrar dessa experiência específica, você teve muitas distrações ou pôs em prática um sistema lógico que lhe permitiu focar no trabalho? Talvez tenha desligado o telefone e o computador. Se realizou essas ações explícitas, ativou sem querer seu desencadeador comportamental para o trabalho e silenciou o falatório cognitivo. Portanto, o modo como se planeja para as tarefas faz diferença real ao seu sucesso, pois as estratégias utilizadas, como os desencadeadores, controlam milhares de pensamentos espontâneos.

O projeto Human Connectome mencionado antes, que mapeia todo o cérebro humano, possibilitou aos pesquisadores descobrirem que a quantidade exata de pensamentos depende da tarefa e das habilidades das pessoas em administrar pensamentos espontâneos. Se você completou uma tarefa agradável, deve ter tido menos pensamentos espontâneos que teria se trabalhasse em algo chato. Se levar em consideração a atenção e o foco necessários para assistir a um filme – acompanhar a trama, conhecer os personagens e a ligação entre eles e prever o que acontecerá em seguida –, você estará em estado de fluxo, com os pensamentos trabalhando em harmonia. Distraia-se olhando o celular e não assistirá mais ao filme. Sua mente se desviará para uma miríade de outros pensamentos. Do mesmo modo, em um dia de harmonia, você tem cerca de 6.200 pensamentos por dia. Se não estiver focado e atento, a frequência de pensamentos espontâneos aumentará. Alguns psicólogos sugerem que temos, na realidade, sessenta mil pensamentos por dia, e o psicólogo Daniel Kahneman, ganhador do prêmio Nobel, diz que o indivíduo médio deve tomar 35 mil decisões por dia – mais ou menos, 24 decisões por minuto.[11]

Desses milhares de pensamentos diários, infelizmente para o cidadão médio, oitenta por cento deles geralmente são negativos. Se aceitarmos que tomamos 35 mil decisões por dia, e decisões são pensamentos, isso se traduz em 28 mil decisões negativas a cada dia e sete mil positivas.

Amanhã será diferente? Improvável. O psicólogo Robert Leahy sugere que noventa e cinco por cento de nossos pensamentos em um dia são exatamente iguais aos que tivemos no dia anterior.[12] Portanto, se você está passando hoje por uma torrente constante de pensamentos negativos que podem ser prejudiciais às suas metas e à sua autoimagem e não fizer nada para combatê-los, é bem provável que eles continuem amanhã. A boa notícia é que você pode mudar essa probabilidade se manipular seus pensamentos hoje para viver um amanhã mais otimista.

Somos nós que decidimos onde focar a atenção. Os pensamentos espontâneos culminam em nossos Pontos de Escolha, e escolhemos elaborá-los ou não. *Você nem sempre pode controlar a chegada de um pensamento voluntário, mas pode escolher quanto tempo ficará com ele.*

Elaboração e ensaio

Em 2016, Iris Schmidbauer, mergulhadora alemã estreante no esporte, foi convidada para competir em um evento de mergulho do alto de um penhasco, nas Filipinas. A prestigiosa ocasião dava aos novos competidores a oportunidade de ganhar experiência em pular de plataformas de vinte metros, algo que Iris sonhava em fazer desde criança. Treinara bastante, visualizara mentalmente o mergulho inúmeras vezes e sacrificara muita coisa na vida para alcançar essa posição. Como não dormira muito bem na noite anterior ao primeiro dia de competição, Iris estava um pouco cansada, mas sabia que poderia contar com a memória muscular nos mergulhos. Tinha um ferimento em um dos tornozelos, de uma competição anterior, por isso tomou alguns analgésicos, tentou não imaginar nada negativo e se manteve positiva até a primeira série de mergulhos da competição atual. Imaginou-os da maneira perfeita: estrutura, postura, controle dos braços, distribuição do peso, velocidade no início e no fim das rotações e impacto na água.

No dia da competição, Iris não havia praticado do alto do penhasco de vinte metros, mas o primeiro mergulho aconteceu de acordo com o planejado, e ela obteve pontuação alta dos juízes, o que poderia lhe garantir o primeiro lugar no próximo. Conseguira dominar os pensamentos negativos e ensaiou mentalmente o mergulho seguinte: metade de virada tripla. Uma combinação de fatores entrou em cena. Alguma coisa parecia errada, mas Iris manteve a autoconfiança na memória muscular, como fizera no primeiro mergulho. Tranquila e capaz de controlar os pensamentos, fez uma pausa no uso preparatório de imagens e contou com o próprio corpo para a tarefa. Iris se sentiu estranha; talvez fossem os analgésicos afetando sua atenção, ou podia ser um novo nível de foco acentuado. De qualquer modo, aquela seria uma oportunidade única; era muito importante, e ela se esforçara ao máximo – além do mais, estava em primeiro lugar. Assim, Iris, uma atleta resiliente, estava determinada a pôr em prática sua habilidade, seu talento e seu compromisso com o esporte, embora se sentisse um pouco "esquisita".

Quando chegou ao topo do penhasco, pronta para mergulhar, Iris fez sinal para os mergulhadores de resgate lá embaixo e, então, posicionou os tornozelos para fora da borda. Imaginou o mergulho uma última vez. Mentalmente, via-se pulando; sentia o corpo no ar e a água correr por ele assim que mergulhava. Ela respirou fundo e assumiu boa postura antes de flexionar os joelhos e saltar.

Enquanto girava o corpo para uma volta, a velocidade acelerou. Nesse momento, Iris se sentiu perdida. A memória muscular esquecera-se do mergulho. Ela entrou na água de costas a 75 quilômetros por hora.

Iris saiu ferida, tossiu sangue e tinha uma contusão severa; felizmente, porém, não quebrou nenhum osso. Após passar algumas horas no hospital, foi liberada pelos médicos e se juntou aos demais atletas para tomar água mineral gaseificada no bar. Entretanto, a experiência lhe causara trauma fisiológico e cognitivo.

Nos meses seguintes, Iris pensava espontaneamente *naquele mergulho* várias vezes ao dia. Imaginava-o com nitidez e repetia todo o fiasco com detalhes explícitos na mente. Desde então, nunca mais mergulhou de plataformas altas. Procurou a ajuda de Jonathan, e, nas semanas seguintes, os dois desenvolveram um plano para auxiliá-la a superar o trauma e retomar o mergulho do alto de penhascos.

Pouco podemos fazer para impedir um pensamento espontâneo invasivo, como o que Iris teve ao recuperar a consciência, mas somos capazes de controlar a profundidade na qual o exploramos. A atenção dada a um pensamento espontâneo depende do que chamamos de elaboração e ensaio. Elaboração é o processo de dar atenção aos pensamentos e explorá-los detalhadamente, de maneira multissensorial, por exemplo, imaginando gosto, cheiro, som e emoção. Ensaio mental é o processo repetido de elaboração.

De modo geral, um pensamento espontâneo emerge por causa de um desencadeador interno (fome) ou externo (visão de alguém comendo um *cheeseburger*) que desperta um pensamento como o impulso de comer. Sabemos que o *cheeseburger* (estímulo) pode fazer mal à saúde, no entanto o pensamento inicial não é esse, mas, sim, como é gostoso, e damos atenção ao estímulo imaginado. Em seguida, exploramos a experiência de comer o *cheeseburger* por meio da elaboração multissensorial: o cheiro, o toque, o gosto e, principalmente, nossa conexão emocional com o estímulo. Ensaiamos o processo repetindo a elaboração inúmeras vezes, o que nos força a reagir de maneira específica: ansiar por um *cheeseburger* pela satisfação emocional que ele traz. Babamos como Homer Simpson, sonhando acordado, com os olhos vidrados em um ponto distante.

O mesmo acontece quando você não gosta de *cheeseburger* – por exemplo, se sofreu intoxicação alimentar por causa de um. O estímulo é elaborado por meio da atenção multissensorial; você revive uma experiência ruim, e a reação é sentir náusea ao ver um *cheeseburger* e, portanto, evitá-lo.

A importância da elaboração está nos detalhes da exposição multissensorial. Quando surge um pensamento espontâneo, você tem a oportunidade consciente de elaborá-lo em detalhes e, depois, ensaiá-lo. Essa oportunidade é sua janela de mudança, a qual se abre por uns dois segundos.

Você vivencia um pensamento e o aceita. Por exemplo, olha uma nuvem no céu. Tem a oportunidade de elaborá-la mentalmente: pensar na forma, no tamanho, na cor, nas sombras que ela produz, na velocidade do movimento... ou não. A decisão de explorar mentalmente um pensamento é sempre sua, e aquilo que você escolhe explorar importa, porque esse momento é seu Ponto de Escolha. Nele, está a oportunidade de você oferecer a si mesmo um pensamento alternativo baseado em suas metas.

Você pode explorar três fatores de elaboração para administrar seu Ponto de Escolha e começar a fazer escolhas melhores. A prática aplicada da teoria de elaboração baseia-se na memória, especificamente no modelo de memória de trabalho de Baddeley e Hitch.[13] Esse modelo demonstra como a informação é recebida dos sentidos e processada no cérebro. Um *input* ou estímulo entra na consciência, nós lhe damos atenção, e, em seguida, parte do cérebro (conhecida como executivo central) o distribui em três sistemas:

1. *loop* fonológico (sua voz interior);
2. bloco de notas espacial-visual (imagens);
3. *buffer* episódico (lembrança de um evento específico).

Consideremos um exemplo. Deixe a mente divagar por um minuto diante da palavra "limão". O que você pensa ao ouvir sua própria voz dizer essa palavra?

Pense nela por alguns segundos.

A princípio, você deu à palavra foco e atenção e, após lê-la, buscou o significado na cabeça, talvez tendo desencadeado imagens multissensoriais. Isso é elaboração. Ao ler aqui "pense na palavra por alguns segundos", você a repetiu na mente, causando mais elaboração, então começou o ensaio. Provavelmente continua até agora.

Se você ainda se lembra da palavra repetida na mente, ela está passando da memória de curto prazo para a memória de longo prazo. Essa repetição auditiva é o que chamamos de *loop* fonológico, bate-papo cognitivo ou autoconversa. Em geral, é a voz dentro da cabeça que desencadeia o sistema seguinte, ou seja, o sistema espacial-visual.*

Talvez você tenha desenhado o limão na mente, admirado o amarelo forte da fruta, visto as protuberâncias na casca e pensado no peso dele nas mãos. Pode ter imaginado o cheiro cítrico e doce bem perto do nariz e até fatiado a fruta e visualizado o padrão em formato de flor da polpa em cada gomo. Talvez tenha se imaginado preparando um gim-tônica (ou isso é só coisa dos autores)!

Enquanto visualiza o limão, é possível que tenha se visto mentalmente em um local familiar, como a cozinha, lembrando-se de algo específico ou de algum momento importante para você. Essa marca temporal é o terceiro sistema, conhecido como *buffer* episódico, que acrescenta familiaridade à elaboração.

Talvez o *buffer* episódico seja o mais importante dos três sistemas, pois geralmente nos recordamos de e elaboramos eventos – como aniversários, feriados ou grandes momentos da vida –, por causa de sua importância para nós. O *buffer* episódico é como um calendário na parede da memória com datas importantes circuladas. Para experimentar essa dinâmica em ação, divirta-se e foque no primeiro *show* ao

---

* Se você não percebe que está repetindo a palavra, é importante observar que não a mencionamos desde que foi introduzida; portanto, deve tê-la retido e pode facilmente se lembrar dela. Além disso, a palavra, agora mais de vinte segundos após ser introduzida, está em sua memória de longo prazo, e talvez você se lembre desta seção do livro pelo resto da vida.

vivo que você viu. Onde estava? Como era o local? E a temperatura? Com quem você foi? Qual é a história? Enquanto reflete sobre esse episódio, pense no significado por trás da lembrança. Por que é importante? Em que ano aconteceu? Tem uma marca temporal?

O significado de eventos importantes incita a elaboração multissensorial, e se há, de fato, um significado seremos mais propensos a ensaiar. O *buffer* episódico é parte fundamental do Ponto de Escolha porque envolve os *porquês*, o sentido que gera os pensamentos mais detalhados, e, por fim, torna-se uma ferramenta pessoal que o inspira, motiva e aperfeiçoa suas habilidades em momentos desafiadores.

Quando você se recorda de ou antecipa mentalmente um evento importante, os três sistemas se interconectam: eventos evocam emoção, o sistema visual desenha a cena ou o objeto na mente, e a conversa interna começa. Se o evento não tem uma emoção atrelada a ele, por exemplo, ir e voltar do trabalho, fazer um percurso banal de A até B, raramente nos lembramos de sua ocorrência, a menos que algo inusitado aconteça, e entre em cena a emoção. Entretanto, lembramo-nos de eventos em família ou de momentos nos quais estamos com amigos por causa do significado e da emoção que esses eventos representam, os detalhes com os quais os elaboramos e o ensaio que permitimos. De modo semelhante, lembramo-nos de eventos traumáticos. Eles têm o poder de mudar nosso comportamento, tornando-nos avessos ao risco, se medirmos os benefícios e os inconvenientes da tarefa. Consequentemente, um evento traumático, como o acidente de Iris no mergulho do penhasco, nos faz reavaliar nossa crença em riscos e pode influenciar nossas escolhas.

Entenda que os pensamentos espontâneos coexistem, cada um em sua caixa fechada. Quando uma caixa de pensamento espontâneo aparece na mente, você não sabe o que há dentro dela, ou se é positivo ou negativo, enquanto não a abrir e espiar. Ao abri-la, você decide prestar atenção àquele pensamento único e, se quiser, poderá examiná-lo detalhadamente. É o que chamamos de Gato de Schrödinger da psicologia.

O físico quântico Erwin Rudolf Josef Alexander Schrödinger propôs que não podemos ter múltiplas partículas em uma caixa. Para demonstrar essa ideia, criou um experimento de pensamento que ficou conhecido como o Gato de Schrödinger, no qual um gato é teoricamente colocado em uma caixa de cobre lacrada e com veneno radioativo. O veneno tem cinquenta por cento de chance de ser liberado, e, se o for, o gato morrerá. Portanto, se a caixa permanecer fechada, o gato poderá estar em ambos os estados – morto *e* vivo –, porque não sabemos se o veneno o matou. Só quando abrirmos a caixa, uma das superposições cairá; o gato estará morto *ou* vivo, mas não nos dois estados.

Para nosso processo, só quando olhar dentro da caixa de pensamento você o verá no estado atual. Pode ser um pensamento sobre qualquer coisa: um peixe, um nabo, um sofá... não há como saber enquanto não abrir e olhar. Portanto, embora possa haver milhares de caixas de pensamento espontâneo todos os dias, você só poderá dedicar atenção a uma por vez. Assim como só é possível fazer uma viagem de trem por vez.

Vamos abrir uma caixa e espiar dentro dela. Pense em uma xícara contendo líquido. Agora elabore a cor, o tamanho, a temperatura, a sensação do toque, o peso, o aroma e outros detalhes. Pense em beber da xícara. Pense no gosto e na temperatura do líquido. Nesse ponto, você está explorando um único pensamento, acrescentando a ele detalhes elaborados. Se esse pensamento elaborado lhe proporcionou uma experiência agradável, talvez você queira ensaiá-lo e, enquanto ensaia, pode ficar com sede.

Agora, abra outra caixa de pensamento. Dentro dela há uma pizza. Deixe a caixa aberta e elabore os detalhes: o toque, a temperatura, o gosto... Como por magia, a xícara sumiu! Porque você só pode abrir uma caixa por vez e elaborar detalhes de um único pensamento; e, quando dá atenção a um pensamento novo em uma nova caixa, a velha se fecha.*

A esteira de caixas, ou pensamentos espontâneos, transporta pensamentos do inconsciente para o consciente por meio das redes neurais subterrâneas no cérebro. Os desencadeadores ou estímulos certos, porém, têm potencial de ativar pensamentos voluntários mais rapidamente que os involuntários, o que lhe dá uma chance maior de abrir uma caixa que contenha um pensamento positivo. Claro que não há como saber que pensamento chegou com a caixa enquanto você não der atenção e abri-la. E, a partir daí, você terá dois segundos para fechar a caixa se for um pensamento indesejável ou deixá-la aberta e elaborar.

Sempre que você abre uma caixa, a elaboração começa. Nesse exato momento, o cronômetro de seu Ponto de Escolha é acionado, e você tem dois segundos para decidir. Se levar mais que dois segundos no exame do pensamento, a elaboração se estende e passa para o ensaio, que produz a emoção; esta, por sua vez, costuma gerar um comportamento. Ou feche a caixa, com os desencadeadores corretos e o treinamento, e o pensamento desaparecerá. Não só o pensamento desaparece nesse instante, mas a força dele decai. Se você o obrigar a desaparecer muitas vezes, poderá expulsar os pensamentos de satisfação rápida.

Iris, nossa mergulhadora, elaborou por meses a fio um pensamento indesejado sobre o que ocorrera na competição. Para lidar com esse pensamento repetitivo, ela e Jonathan abordaram três perguntas: o que desencadeou o pensamento? Podemos redirecionar a atenção de Iris?

---

* Talvez, se você continuar alternando entre o par de caixas de pensamento – a pizza e a xícara –, os dois possam se fundir em um único pensamento, criando, por sua vez, uma nova caixa, geralmente de um momento em que você experimentou as duas coisas (ao mesmo tempo que comia uma pizza, bebia algo de uma xícara). Entretanto, se isso acontecer, você pode especular se o Gato de Schrödinger está simultaneamente morto *e* vivo.

E para onde a redirecionaremos? Ao responder a essas perguntas, Iris conseguiu retreinar seu processo de elaboração e ensaio, convertendo-o de negativo em positivo.

Como um detetive, Iris examinou seus hábitos e fez anotações precisas sempre que notava pensamentos espontâneos negativos invasores. A detecção dos desencadeadores permitiu a ela e a Jonathan analisarem quando surgiam as caixas de pensamento. A partir dali, Jonathan instruiu Iris a encontrar soluções que limitassem a frequência de desencadeadores de pensamentos traumáticos.

Iris percebeu que a frequência maior desses pensamentos ocorria quando ela olhava o celular, que tinha como imagem de fundo uma foto dela no alto de um penhasco. Embora a foto fosse anterior ao acidente, um mero vislumbre dela desencadeava uma sequência de elaboração e ensaio que gerava estresse, ansiedade e medo.

Na semana seguinte, Jonathan convidou Iris a desenvolver uma lista de ações para reduzir a intensidade e a frequência dos pensamentos espontâneos negativos.

A primeira estratégia foi mudar o protetor de tela do celular para uma imagem neutra. Com isso, Iris diminuiu a frequência com que via desencadeadores de pensamentos negativos. O resultado foi que a intensidade da elaboração desses pensamentos também diminuiu.

A segunda foi voltar para a água e se divertir com mergulhos em plataformas de cinco metros.

A terceira foi focar em um mergulho importante anterior, aquele no qual Iris descobriu como o esporte era importante para ela, e elaborar os pensamentos do evento positivo enquanto arrumava seus pertences para o treinamento diário.

Iris continuou a desenvolver os detalhes com os quais elaborava e ensaiava os pensamentos positivos. Esse processo diminuiu os pensamentos negativos. A cada semana, ela e Jonathan refinavam as estratégias com imagens observacionais que começavam com ela sentada ao lado da piscina vendo os outros e utilizando como desencadeadores sua toalha azul para enxugar as pernas e ativar imagens de si própria esperando pelo mergulho, ou estalar os dedos três vezes em um compasso específico até iniciar o mergulho. Cada um desses desencadeadores redirecionava sua atenção ao motivo de ela mergulhar e à meta de aperfeiçoar o processo, incluindo, por exemplo, movimentos rápidos dos quadris em rotação. Na sexta semana, Iris voltou a mergulhar de penhascos.

Para poder mergulhar como antes, Iris forçou-se bravamente a se lembrar do *porquê*. O pensamento "por que você mergulha?" era poderoso por ter grande significado para ela e por causa da experiência pela qual passou no caminho de suas metas. Quando um pensamento negativo vinha à tona, como muitos costumam vir, ela o aceitava e redirecionava a atenção para a motivação, o compromisso e a oportunidade presente. Um pensamento espontâneo elaborado tem potencial para determinar nosso futuro, seja ele melhor ou pior. Esses Pontos de Escolha têm o poder de mudar nossa predisposição, desde que compreendamos como os pensamentos são criados e aprendamos meios de adaptar nossas reações.

Com a ajuda de Jonathan, por meio do treinamento com imagens, explorando o Ponto de Escolha e controlando seu motim mental, Iris redefiniu quem ela é. Hoje, é uma das dez melhores mergulhadoras de penhasco do mundo.

CAPÍTULO 2

Treinamento para Imagens Mentais

Entre o estímulo e a resposta, há um espaço.
Nesse espaço, reside nosso poder de escolher as respostas.
Em nossas respostas encontram-se nosso crescimento e nossa liberdade.
- Viktor Frankl

No momento em que você acorda, pode dar de cara com um Ponto de Escolha. Talvez pegue o celular imediatamente e role a tela por quinze a trinta minutos. Outra escolha é levantar-se e começar o dia tendo a saúde como prioridade: fazer uma caminhada, nadar, meditar ou participar de alguma atividade construtiva. Pense em como se sente depois de rolar a tela. Após se levantar e meditar, o que sente? Como compara essa sensação com a do primeiro caso?

E se lhe disséssemos que podemos ensinar um método que, se for praticado por três minutos todos os dias, ajudará você a administrar essas escolhas de modo que poderá alcançar suas metas e experimentar mais prazer em todos os aspectos da vida? Quanto mais praticar, mais decisões tomará em direção às suas metas. Além disso, esses três minutos por dia não só teriam impacto positivo em você, mas ainda criariam um efeito benéfico nas pessoas à sua volta.

Criamos um exercício de três minutos que chamamos FIT: *Functional Imagery Training*, ou Treinamento Funcional de Imagens, como parte de nosso programa de *coaching* com imagens, e é uma ferramenta poderosa que ajuda o cliente a escolher as ações e as atitudes que o aproximarão de suas metas em vez de afastá-lo delas.

Um de nossos primeiros clientes corporativos, o CEO da Stratus, Charlie Alvarez, procurou-nos com uma meta simples. Queria vencer o torneio de golfe dos amigos de faculdade dali a quatro semanas. Para ser mais específico, queria aprender a controlar as próprias emoções sob pressão. Quando perdia uma jogada, deixava essa lembrança virar uma bola de neve e acabar com seu jogo. Como foi até nós motivado para alcançar uma meta específica e clara, pudemos trabalhar diretamente com esse foco. Após quatro sessões criando imagens, ele estava pronto e, de fato, venceu o torneio.

No entanto, mais importante que vencer o torneio, Charlie inspirou-se em usar as imagens no enfrentamento de outros desafios. Quase um ano depois da primeira sessão, o FIT se tornou natural para ele. Não só aperfeiçoou seu jogo como mudou a maneira de administrar a si próprio e as outras pessoas. Esse é o mesmo efeito colateral observado no estudo sobre perda de peso. Quando as pessoas aprendem como funcionam as imagens, continuam a usá-las.

Descobrimos isso com muitos de nossos clientes: quando administram seus Pontos de Escolha usando o FIT, conseguem ensinar os outros a fazerem o mesmo. Como exemplo, em uma reunião de gestores, um membro da equipe de Charlie teve uma atitude tão agressiva e prejudicial, a ponto de afetar o espírito de todos. Charlie ficou irritado, mas se lembrou de como o FIT o ajudara a controlar a raiva no campo de golfe. Tinha, portanto, uma escolha: reagir com raiva ou jogar o mesmo jogo que servia à empresa e a ele. Foi para casa, saiu para passear com o cachorro e usou o treinamento FIT para visualizar o resultado que queria. Quando se sentiu calmo, ligou para o colega e teve uma conversa inquiridora. Fez perguntas do tipo "Como você acha que foi a reunião?" e "Conseguiu, afinal, o que queria?".

Charlie não acusou o colega; estava realmente interessado. A consequência da conversa foi que o gerente pôde refletir e ver que sua atitude teve impacto negativo sobre a equipe. Na reunião seguinte, o gestor compareceu com uma postura diferente.

Voltemos um pouco. Conforme já mencionamos, nem todas as pessoas são como Charlie. Muitas procuram nossa ajuda, mas são ambivalentes em relação às mudanças. Precisam de um meio para explorar sua resistência e encontrar motivação. Usamos um tipo de abordagem conversacional que é o padrão empresarial para incitar a motivação. Apresentamos, a seguir, uma história de como ela se desenvolveu e por que é vital para o FIT.

Discussão em torno da mudança

Seria impossível falar sobre FIT sem antes contar a história dos dedicados pesquisadores que colaboraram para uma compreensão mais profunda do melhor modo de apoiar a mudança no cliente. Em 1980, o psicólogo William Miller foi coautor de um artigo sobre o problema da bebida. A pesquisa constatou que a empatia do terapeuta era responsável por sessenta e sete por cento do sucesso dos clientes.[1] Alguns anos mais tarde, Miller publicou um artigo que oferecia a estrutura para uma conversa empática. O estilo conversacional apoiador permitia ao cliente discutir a respeito da mudança.[2] Era uma mudança de paradigma que estabelecia os fundamentos para a área de *coaching* conhecida como entrevista motivacional.

Podemos regressar a um momento mais distante no passado e dar o crédito ao trabalho inovador de Carl Rogers e à sua abordagem de aconselhamento centrada na pessoa, que girava em torno da ideia de que cada indivíduo tem dentro de si a sabedoria para enfrentar os próprios desafios. Rogers acreditava que o bom terapeuta devia saber escutar em vez de ser "o especialista". Uma diferença-chave entre o método de Rogers e a abordagem da entrevista motivacional é que o terapeuta da entrevista motivacional direciona a conversa usando quatro processos: envolver, focar, evocar e planejar, o que resulta em ação. Os métodos de Rogers não direcionavam a conversa.

Miller adotou os métodos de Rogers. Quando foi convidado a apresentar suas técnicas de desenvolvimento de empatia, com o intuito de demonstrá-las a um grupo de estudantes de psicologia na Noruega, ele ouviu e respondeu às perguntas deles. Era a primeira vez que uma conversa empática se convertia de um conceito para um processo. Serviu de diretriz para a entrevista motivacional. Pouco depois, Miller conheceu o psicólogo Stephen Rollnick, que lera seu artigo sobre entrevista motivacional e ensinava praticantes no Reino Unido a usá-la em serviços de saúde. Miller afirmou que Rollnick compreendera a "essência" da abordagem, e os dois foram coautores de um livro sobre o assunto e aperfeiçoaram a técnica para o que ela é hoje, enquanto escrevemos este livro: o processo mais estudado em psicoterapia.[3] Há quinhentos estudos relacionados a entrevistas motivacionais.

O que é a entrevista motivacional

A entrevista motivacional é estudada há décadas, sendo até hoje a intervenção mais eficaz para estimular a motivação, pois supera em setenta e cinco por cento o aconselhamento tradicional.[4]

Esse estilo centrado na pessoa de discutir metas por meio da colaboração, da compaixão, da evocação e da aceitação forma uma parceria entre cliente e terapeuta conhecida como espírito da entrevista motivacional. É posta em prática por intermédio da comunicação habilidosa, com:

- Perguntas abertas. Por exemplo: "Conte-me sobre seu dia".
- Afirmações. Por exemplo: "Você fez bem em chegar a tempo para a reunião".
- Reflexões. Por exemplo: "Parece que você teve uma manhã estressante".
- Sumários. Por exemplo: "Então, você saiu com o cachorro, preparou as crianças para a escola, fez compras para o jantar e foi surfar antes da reunião às 9h".

Se o problema é fumar, o cliente já sabe das implicações de continuar fumando; portanto, reiterar as implicações negativas à saúde dificilmente causaria uma mudança motivacional.

É normal começar o trabalho com um cliente e descobrir, depois de algum tempo, que a meta inicial não é mais a que ele quer no presente. Ainda sobre a questão de fumar, um cliente chega com o objetivo de se livrar do vício. Podemos explorar maneiras de largar o cigarro e como isso melhoraria a saúde, mas esse não é o caminho normal no uso da entrevista motivacional. Na realidade, não nos aprofundamos na meta enquanto não nos *envolvermos na conversa* antes, falando sobre o histórico do cliente, estabelecendo seu caso e seus *valores essenciais*.

Podemos começar dizendo "Fale-me de suas experiências" ou "O que você faz nas horas vagas?". Essas perguntas poderiam ser feitas por um novo amigo genuinamente interessado. Expressam empatia. As respostas que ouvimos ao explorar metas e valores geralmente incluem "Gosto de passar o fim de semana com a família e sair para caminhar" ou “Pratico esportes com os amigos e costumo me exercitar”. A princípio, são esses os comportamentos que temos interesse em explorar com mais detalhes, não necessariamente o hábito de fumar. Com a conversa em andamento, começamos a focar na meta. Em vez de usarmos termos como “largar” e “parar”, seguimos uma linha de perguntas que mesclam um valor com uma postura e uma atitude.

Por exemplo, um terapeuta pode dizer “Você disse que gosta de atividades com a família e se exercita para ter boa saúde. Parece que a saúde e a família são o que realmente importa para você. É isso mesmo?”.

Nesse ponto, desenvolvemos discrepâncias para criar ambivalência. A ambivalência é essencial para a entrevista motivacional, porque, nesse momento, o cliente intervém com “mas/talvez”. É comum ouvirmos “A saúde é importante para mim, *mas* fumar um cigarro é meu jeito de relaxar após um dia estressante”. Também ouvimos “Tentei parar antes, mas não consegui. *Talvez* dessa vez seja diferente”.

Nossa resposta seria algo do tipo “Você se lembra de alguma ocasião em que tentou fazer algo desafiador e conseguiu?”. Isso ajuda as pessoas a se envolverem, a refletirem e a construírem autoconfiança por meio de experiências passadas.

Na entrevista motivacional, o próximo processo é *evocar motivação*, com perguntas como “Para você, por que é importante mudar?” e “Está pronto para começar agora mesmo?”. Essas perguntas criam a *conversa de mudança*, a qual o terapeuta ouve com atenção e usa para manipular na direção da meta desejada.

O cliente pode dizer “Acho que preciso diminuir a quantidade de cigarros” ou “Acho que correr seria melhor que o cigarro para lidar com o estresse”. Em cada parte da abordagem, o terapeuta nunca oferece uma solução. O cliente é que decifra o quebra-cabeça. Por quê? Porque, em geral, os clientes já pensaram na solução de maneira informal, antes de consultarem o terapeuta, e imaginaram o esforço necessário. Mas precisam de ajuda para estimular a motivação e formular um plano.

A parte final é determinar um *plano*, o qual também é focado no cliente e no modo como ele se comprometerá com a ação em determinado período de tempo. Nesse ponto, costumamos encorajar o cliente a classificar o nível de confiança nas próprias habilidades para obter sucesso com a tarefa – em uma escala de 0 (não me sinto confiante em mudar) a 100 (sinto-me totalmente confiante de que posso mudar). Essas notas de 0 a 100 revelam otimismo, áreas de negatividade, dificuldades e temor de desafios e podem ser usadas não apenas para avaliar a atual percepção do cliente quanto às mudanças, mas também para desenvolver um plano realista apropriado às suas necessidades.

A evidência para mudança de comportamento com o uso de entrevista motivacional é significativa.[5] Funciona e é proativa para tratar desejos obsessivos, fortalecer a aderência à atividade física, diminuir o estresse e a ansiedade, perder peso e até melhorar o desempenho nos esportes. Se for bastante eficaz, a pergunta que você pode fazer é "Por que mudar?". Pois, quando incluímos o uso de imagens em momentos cruciais durante a conversa, o *FIT é até cinco vezes mais eficaz que o mero uso de entrevista motivacional*.

Além da entrevista motivacional: o FIT

O FIT, assim como a entrevista motivacional, foi desenvolvido por psicológicos que pesquisavam o vício, especificamente os desejos obsessivos.[6] Depois de vinte anos de pesquisa conduzida pelos professores de psicologia Jackie Andrade e Jon May, da Universidade de Plymouth, e pelo professor David Kavanagh, da Universidade Queensland de Tecnologia, o processo foi refinado até o que hoje chamamos FIT.

A pesquisa inicial enfocava memória, criatividade e imagens; os professores trabalharam com vários indivíduos, desde pessoas que sofriam com vícios até bailarinos que queriam ser mais criativos.[7] O método aplicado de FIT é relativamente novo, com o primeiro projeto explorando um modo de fazer as pessoas pararem de comer por compulsão.[8] Progrediu até criar hábitos saudáveis ou, essencialmente, ensinar as pessoas a usar imagens do que queriam conquistar em vez de ceder a desejos imediatos. Os professores tinham um grande desafio à frente, pois os seres humanos acham difícil imaginar os benefícios de não possuir algo, seja um biscoito ou um coquetel. Enfrentaram esse desafio concentrando-se no fortalecimento da autoconfiança com pequenos atos e estabelecendo metas de curto prazo que se acumulam no sucesso de longo prazo.

Charlie, o CEO citado anteriormente, começou por se aperfeiçoar no golfe e acabou melhorando sua habilidade como líder. Em vez de fazê-lo sentir a pressão da meta de longo prazo, o FIT armazenou essa meta e, em seguida, focou nas escolhas diárias que se acumulam. Algumas escolhas eram Pontos de Escolha, por exemplo, administrar as emoções, e outras eram decisões importantes que envolviam reflexão e colaboração antes de um julgamento.

A pergunta-chave de todos os pesquisadores era se o pensamento invasivo (por exemplo, a ideia de tomar uma taça de vinho) podia ser redirecionado ou substituído por um pensamento diferente que competisse por nossa atenção. A resposta é "sim": se o tipo de pensamento substituto envolver elaboração (por exemplo, imaginar um tigre, sua forma, seu tamanho e sua cor), o pensamento agradável original do vinho desaparece.[9]

Quando Jonathan ainda estudava para obter seu Ph.D. na Universidade de Plymouth, ele e Linda Solbrig tiveram como orientadores Jackie Andrade e Jon May. Linda (cuja maior parte do trabalho e prática em entrevista motivacional era realizada com Andrade) desenvolveu o FIT para a perda de peso, e Jonathan (mais sob a orientação de Jon May) usou o FIT, inicialmente, para o desempenho no esporte. David Kavanagh, por sua vez, continuava pesquisando os desejos obsessivos e montou uma equipe na Austrália. Esses pesquisadores desenvolveram o FIT para criar as bases de como integrar *imagens* no espírito da entrevista motivacional.

A partir daí, cada desenvolvedor se empenhou em refinar o FIT para servir às populações com as quais trabalhava, a fim de lidar com as limitações de tempo de entrega, e encontrar meios de trabalhar com aquelas pessoas incapazes de usar imagens por um ou outro motivo. Jonathan começou a utilizar FIT motivacional no trabalho com clientes e participantes individuais de pesquisas, mas depois evoluiu a abordagem para que fosse aplicada a equipes, entregue em tempo relativamente curto para suprir as necessidades das organizações, e se tornasse adequada a indivíduos (em geral, membros de equipes) que tivessem dificuldades com alguns aspectos, por exemplo, usar visualização.

Por que o FIT funciona?

Imagens evocam emoção, e a emoção determina o comportamento mais que a conversa sobre mudança de comportamento. Imaginar o futuro é algo que todos nós fazemos, mas o FIT nos ensina a fazer disso um hábito diário relacionado às nossas metas. É eficaz porque cria para você um modo deliberado de administrar o pensamento, redirecionando e substituindo pensamentos que poderiam fazê-lo desistir das metas ou deturpá-las. E funciona, ainda, porque altera a conversa interior, pois as histórias que você conta para si mesmo provavelmente também criam imagens. Ao ensinar você a compreender e dominar a imaginação, o FIT o ajuda a ter um grau mais alto de confiança em suas habilidades para alcançar sucesso, auxilia-o a se tornar mais consciencioso, pois planejou de antemão, e o incentiva a ir em frente, perseverando diante dos inevitáveis desafios no caminho.

A primeira sessão de FIT

Como mencionamos, o FIT começa com uma conversa. Neste livro, adaptamos o modelo de conversa para um exercício de escrita em diário, oferecendo dicas em forma de perguntas para entrevista motivacional. Embora esse método não seja o mesmo que a presença de um terapeuta ao lado do leitor, as perguntas o convidam a explorar os valores essenciais relacionados à sua meta. Acrescentamos também o elemento da contação de histórias, pois contar histórias é um modo muito comum de comunicação. Se nos encontrássemos pessoalmente, você relataria sua história da mesma maneira.

O diário é o recurso em que você pode ser sincero, e vulnerável e por meio do qual pode aprender a progredir no caminho de suas metas. É uma câmara de incubação para os pensamentos, na qual você faz anotações e depois as lê, com reflexão e sentimento. Geralmente, quando incuba esses pensamentos, você inicia um planejamento mental e emocional do que está por vir. A incubação mistura ideias novas a antigas, produzindo perspectivas inovadoras que se relacionam com você e suas metas. O motivo final para escrever no diário é que essa prática lhe permite acompanhar suas tentativas e erros, refinando seu modo de enfrentar desafios e lidar com a vida cotidiana, além de fazer mudanças apropriadas em sua maneira de trabalhar.

O primeiro exercício com o diário é sobre você conhecer seus valores essenciais. Isso o ajudará a alinhar a meta aos valores, de modo que você possa sincronizar sua visão com suas ações. Segue uma lista de oitenta e três valores da obra de Miller e colegas.[10] Leia e anote os que forem mais importantes para você. Se pensar em um valor que não aparece na lista, sinta-se à vontade para incluí-lo.

Abertura
Aceitação
Acuidade
Amar
Amizade
Atenção plena
Atratividade
Autoaceitação
Autoconhecimento
Autocontrole
Autoestima
Autonomia
Autoridade
Aventura
Beleza
Boa forma
Compaixão
Compromisso
Conforto
Conhecimento
Contribuição
Cooperação
Cortesia
Crescimento
Criatividade
Cuidados
Dependência
Desafio
Dever
Diversão
Domínio
Ecologia
Empenho
Esperança
Espiritualidade
Estabilidade
Excitação
Fama
Família
Fidelidade
Flexibilidade
Generosidade
Genuinidade
Honestidade
Humildade
Humor
Independência
Intimidade
Justiça
Lazer
Moderação
Monogamia
Mudança
Não conformismo
Ordem
Paixão
Paz interior
Paz mundial
Perdão
Poder
Popularidade
Prazer
Prestatividade
Propósito
Racionalidade
Realismo
Realização
Responsabilidade
Riqueza
Risco
Romance
Saúde
Segurança
Ser amado
Serviço
Sexualidade
Simplicidade
Solidão
Sustento
Tolerância
Utilidade
Virtude
Vontade de Deus

Como você corporifica seus valores? Uma pausa aqui. Pare para examinar como vive seus valores.

NO DIÁRIO, REFLITA E ESCREVA:

- Seus cinco valores principais.
- Quais deles se refletem em suas metas pessoais?
- Quando dois valores competem por tempo, por exemplo, saúde e família, o que você faz?

Examinemos agora se suas ações estão em sincronia com seus valores. Se, por exemplo, você anotou família como valor essencial, mas não consegue se manter em contato com a sua, então há uma discrepância entre valor e ação. Do mesmo modo, se o seu valor for a saúde, mas você não pratica atividade física regular ou não consome alimentos saudáveis e fuma, há outra desconexão.

Em contrapartida, talvez você esteja alinhado aos seus valores e os corporifique todos os dias. Nesse caso, provavelmente você é bom em priorizar tarefas, e sua qualidade de vida pode ser melhor por causa disso. Se você sente que "arrasa" e suas ações se alinham aos seus valores, fique à vontade para pular o parágrafo seguinte e ir direto para a seção "Sua história".

A maioria de nós vive fora de equilíbrio porque raramente segue os próprios valores e não explora a própria predisposição mental, as atitudes e o modo de pensar nas metas. Nossos valores nem sempre nos ajudam a ter os comportamentos desejados. Em geral, atletas citam entre os cinco valores essenciais saúde, vitória e boa forma, mas se presenteiam com chocolate ou *fast-food* depois de treinar. Não estamos dizendo que isso é sempre ruim. Há alguns benefícios em dar a si mesmo recompensas por terminar uma tarefa difícil, desde que estas sejam moderadas. Encontrar equilíbrio entre nossos valores e nossas ações às vezes implica afrouxar a disciplina, mas essas indulgências devem ser controladas. Em vez de comer um tablete de chocolate logo após malhar, o atleta pode dizer: "Vou comer chocolate à noite, com uma xícara de chá, enquanto descanso". Essa ação proporciona equilíbrio, sem entrar em conflito com a predisposição mental de ser saudável.

Sua história

Seu sentido de identidade e do mundo à sua volta se revela, em grande parte, nas histórias que você costuma contar a si mesmo. Como se fossem livros, suas histórias têm temas, com vilões, heróis, personagens secundários, jornadas e desfechos. Elas ocorrem na imaginação; envolvem os sentidos e as emoções. As histórias o encorajam a seguir em frente, mas também podem atrasar seus passos. Elas dirigem a atenção e influenciam o comportamento mais que a realidade.

Cinco dias de autoexploração

Este é o primeiro de uma série de exercícios com o diário. Tente não os fazer com pressa, todos de uma vez, mas também não pule nada; complete-os com calma. Não é um exame cronometrado, mas, sim, um modo de você reformular velhos hábitos, aperfeiçoando seu alinhamento com as metas.

EXERCÍCIO COM O DIÁRIO: CINCO DIAS

Este exercício de cinco dias com o diário o afastará do sistema de satisfação rápida, movido pela dopamina, e o colocará em estados mais elevados do cérebro, por meio dos quais você se conectará com seu sentido de importância, com sua intuição e com sua imaginação. À medida que você abordar o processo de autoexploração deste livro, talvez notará que algumas seções são difíceis de implementar porque as ideias são novas ou variações do que parece normal. Quando isso acontecer, vá devagar, sente-se, anote o que quiser e retorne à seção após incubar a ideia por algum tempo. Seja seu próprio amigo, aquele que o apoia. Em outras palavras, seja gentil e compassivo consigo mesmo, pois a autorreflexão (pensar em seu pensamento) pode ser desafiadora. Comecemos com algumas dicas para o diário.

DIA 1. Observe as histórias que conta. Note o que diz sobre si mesmo em reuniões ou quando é apresentado a alguém. Lembre-se de que esse é um exercício de observação. Não há respostas certas ou erradas. Você não está sendo julgado; portanto, não se julgue. Apenas observe e anote suas observações no diário.

DIA 2. Passe cinco minutos ininterruptos e tranquilos verificando sua lista de coisas a fazer e pense nesta pergunta: Qual é sua história? Anote qualquer tema que possa surgir.

DIA 3. Como ontem, passe mais cinco minutos ininterruptos e tranquilos respondendo a estas perguntas: Como sua história o ajuda? De que maneira ela o atrapalha?

DIA 4. Reflita: O que você precisará mudar em sua história para chegar mais perto de seu sonho?

DIA 5. Refletindo sobre ontem, se você conseguisse efetuar a mudança, como seria sua vida?

Agora que você desacelerou para conhecer seus cinco valores principais e sua história, esperamos que se sinta mais autoconsciente e firme. É importante se manter conectado com seu sentido de identidade e seus valores; essa conexão o orientará a permanecer sincero consigo mesmo, com as metas escolhidas e com as pessoas à sua volta. Motivação para atingir a meta de seus sonhos e compreender por que você é o que é: este é o primeiro passo. Agora, começaremos a explorar a diferença entre ser motivado e ser comprometido, e como, se quiser alcançar uma meta, ela deve ter origem nos valores.

CAPÍTULO 3

Compromisso

O compromisso abre as portas da imaginação,
permite a visão e nos dá o material certo para
transformar nosso sonho em realidade.
- JAMES WOMACK, fundador do Instituto Lean Enterprise

Quando Júlio César conduziu suas tropas pelo rio Rubicão até Roma, disse: *Alea iacta est* – a sorte está lançada. Sabia que as águas rasas do rio serviam de fronteira entre Roma e as províncias, e, ao atravessá-lo, começaria uma guerra civil. A punição por atravessar o rio Rubicão era a morte. César e seus soldados só tinham um modo de voltar para casa: alcançando a vitória. Se perdessem a batalha, todos pereceriam. Em termos atuais, um Rubicão é um ponto de não retorno, como sair de um emprego, ter um bebê ou saltar de um avião. Atravessar um Rubicão metafórico tem nível de clareza que falta à maioria de nossas ações. É um risco que você corre, sabendo que o ato pode alterar seu destino; e, quando se empenha nele, não tem mais escolha. Não há como voltar. Para a maioria dos objetivos, porém, você encontrará muitas oportunidades de retroceder ou de desistir.

A maioria de nós pretende aderir ao que foi planejado. Contudo, em geral, diante de um momento difícil, não é o que fazemos. Comer ou não aquele biscoito, pedir ou não ajuda, acordar cedo para ir à academia ou dormir até mais tarde – em cada intersecção, quando nos deparamos com uma escolha, podemos optar por aquilo que nos conduz à nossa meta ou pelo que nos paralisa. É o que chamamos de Pontos de Escolha.

Neste capítulo, você aprenderá sobre a travessia do Rubicão e os Pontos de Escolha e descobrirá os ingredientes-chave para fortalecer seu compromisso em qualquer circunstância, a menos ou até que determine que não está mais comprometido. No fim das contas, só você decidirá se quer prosseguir com sua visão ou esquecê-la. Se escolher ir em frente, pode encontrar neste capítulo apoio e fonte de inspiração para aqueles momentos tétricos em que se sente sozinho na busca dos sonhos. Também pode concluir que o custo de continuar no caminho é superior aos benefícios e, nesse caso, achará melhor seguir outro rumo a partir do Ponto de Desafio.

Em 1985, Jo descobriu, pela primeira vez, os desafios de navegar pelo Rubicão, quando seu pai e seu irmão mais velho, Al Grover e Al Junior, resolveram atravessar o Atlântico em um pequeno barco a motor.

Na noite anterior à partida dos dois, quando se deram conta da realidade dos riscos, pai e filho acalmaram os nervos com álcool e comida. Na manhã seguinte, ambos saíram com dor de estômago. Tão logo deixaram o porto, o vento aumentou, e o nível do mar subiu. Eles ficaram em silêncio, cada um com seus pensamentos. De repente, tudo ficou escuro, e uma tempestade desabou. Não havia sinal de iluminação em terra firme, e o barco começou a balançar como se fosse uma garrafa plástica. O abrigo era limitado, e não havia aquecimento. Os dois sabiam que seria impossível se sentir secos, quentes e calmos por muitas horas ou até por dias. Subitamente, a ideia de uma viagem de quase vinte e oito mil milhas não parecia mais tão agradável como na celebração da noite anterior.

A motivação esmoreceu, e eles se perguntavam: "Será que vale a pena, afinal?".

A resposta de Al Junior foi: "Não. Podemos voltar? Não estou mais a fim!". "É tarde demais", disse o pai. Al calculou que eles não poderiam enfrentar os ventos e as ondas. Os motores de sessenta e cinco cavalos e as hélices de doze polegadas e meia não tinham impulso suficiente para levá-los de volta à costa. A decisão de fazer a travessia era irreversível. Os dois haviam atravessado o Rubicão.

O mar continuou revolto por duas semanas inteiras. Dezessete dias mais tarde e quase cem milhas de distância da primeira parada nos Açores, um grupo de ilhas perto de Portugal, pai e filho perceberam que rumavam em direção ao furacão Claudette. Quarenta e oito horas depois, a tempestade passou. Doloridos, abalados e quase sem combustível, e uns dez quilos mais magros que vinte e um dias antes, quando tinham saído do Canadá, os dois sobreviveram à tempestade. Agora, estavam diante de um Ponto de Escolha.

Al Junior resolveu ficar nos Açores e não continuar a viagem. No dia seguinte, o pai ligou para a esposa, Rosemarie, para lhe dizer que o filho desistira, e aquele era o fim.

"Acabou. Não aguento mais", disse.

Rosemarie retrucou: "Não, não acabou. Você precisa concluir a viagem! Vou pedir a Dante que se encontre com você". Era o outro filho. O tom convicto e resoluto da mulher naquele Ponto de Escolha crítico fez toda a diferença para Al. Quando seus recursos internos se esgotaram, a determinação da esposa renovou-lhe o ânimo. Ele, então, escolheu perseverar. Dali a dois dias, Dante chegou aos Açores para acompanhar o pai nas últimas oitocentas milhas até Lisboa. E Al realizou o sonho de sua vida.

O fator "compromisso"

Desafiar o *status quo* requer compromisso. Se a mudança for grande – a possibilidade de uma nova carreira, por exemplo –, você tem um Rubicão para atravessar. Vai jogar os dados ou retroceder? Os exercícios no fim do capítulo o ajudarão a determinar o que quer de fato antes de dar o salto.

Qualquer que seja sua meta, a cada dia você terá a oportunidade de reforçar o compromisso em diversos Pontos de Escolha. Uma pessoa faz, em média, de sessenta a oitenta escolhas conscientes por dia. Nesses Pontos de Escolha, você demonstra seu nível de compromisso. Vai escolher esse momento para cair fora? Ou vale a pena o sacrifício de mudar e seguir um novo rumo que o aproxima de uma vida alinhada ao futuro desejado? Se for constante na escolha da segunda opção, você experimentará uma mudança interna que levará a um sentido maior de autonomia e satisfação com a vida. Em vez de passageiro, será o condutor da própria vida.

Se encontrar dificuldades e reveses, a decisão de continuar até o fim deverá partir do fundo de seu ser e, em condições ideais, estar ligada a imagens e a algo maior que você. O senhor Al Grover visualizou o reconhecimento que receberia por ter um lugar na história com seus ídolos. Havia lido sobre as jornadas perigosas do capitão Slocum, de *sir* Francis Drake e de *sir* Francis Chichester e se imaginado nelas. Admirava o que eles haviam enfrentado pelos respectivos países, pelas tripulações, o bom nome e o desejo desses viajantes de fazer o que nenhum homem fizera antes. Al sabia que aquela travessia seria a jornada de sua vida. Completá-la era o legado que queria deixar e estava disposto a arriscar tudo. O filho Al Junior não tinha a mesma visão ou o mesmo desejo, por isso escolheu não completar a missão.

Ao contrário da motivação, que vai e vem, o compromisso é fixo. Ou você é comprometido ou não. Essa verdade pode ser desanimadora, difícil de admitir, pois quebrar um compromisso equivale a romper um contrato interno. Em algum momento da vida, talvez você tenha dito: "Estou comprometido com minha saúde", ou "Estou comprometido neste relacionamento", ou "Meu compromisso é terminar este curso", e por aí afora. Afirmações assim são o começo de um autocontrato interno, que pode ser rompido se sua motivação diminuir a ponto de você ficar sem ferramentas e pessoas por perto que o ajudem a reafirmar o compromisso.

Seria irrealista pensar que você estará "sempre disposto" a vida toda, mas o que sente a cada momento reflete níveis variados de motivação. Não saberá até que ponto está *comprometido* enquanto não se deparar com um obstáculo mental ou físico bloqueando o sucesso. Você pode decidir enfrentá-lo ou regressar.

Quatro ingredientes para fortalecer seu compromisso

Se você tiver intenção clara de continuar, sejam quais forem os obstáculos, com quatro ingredientes-chave, poderá aumentar suas chances de sucesso construindo uma base sob o compromisso mais forte que a motivação.

Ingrediente 1: ter uma meta definida

No tratado *Sobre o céu*, Aristóteles contou a história de um homem paralisado pela incerteza diante da mesma distância entre comida e água. Tinha fome e sede, mas precisava decidir qual movimento faria primeiro. Se a comida estivesse mais perto que a água, a escolha seria fácil: comeria e, naquele momento, sacrificaria a água. Entretanto, como a distância entre as duas em relação ao homem era igual, ele enfrentava um paradoxo. No fim, morreu de fome e sede porque não pôde decidir se comia ou bebia primeiro. A lição aqui é: o que mata não é a decisão tomada, mas, sim, o tempo que uma pessoa leva para se decidir e se comprometer com uma escolha. No século XVI, esse paradoxo foi denominado o Asno de Buridan, quando o exemplo do homem foi substituído por um asno (alguns diriam que são semelhantes).

No mundo moderno, o paradoxo de Buridan, apesar de felizmente não resultar em morte, ainda prevalece, sobretudo na força de trabalho, onde nossas prioridades competem. Por exemplo, uma dúvida que talvez você enfrente é quanto tempo se compromete com o trabalho *versus* com a família. Em geral, essas metas competem; portanto, embora sinta necessidade de se comprometer com ambas, as chances de sucesso serão maiores se estabelecer um compromisso claro com uma delas como prioridade mais alta. Se der atenção igual às duas metas, provavelmente falhará em ambas. Talvez se atormente sempre com duas escolhas conflitantes e não dê tempo ou atenção a nenhuma delas. Para conciliá-las, você pode limitar seu tempo de trabalho desligando-se dele e focando exclusivamente na família. Metas sem a devida prioridade costumam causar desgaste. Se investir muito tempo e energia nas mais variadas metas, você pode perder seu sentido de significado pessoal e seu propósito.

Embora seja importante sonhar alto, enquanto você almeja uma meta grandiosa, as metas pequenas também contam. É preciso menos força de vontade e motivação para um compromisso com uma única mudança que com várias delas ao mesmo tempo. Quando você se compromete com uma decisão baseada em uma única meta, tem menos imagens e pensamentos invasivos, o que lhe dá mais espaço mental para focar nos pensamentos e nas imagens desejáveis, em vez de naqueles negativos que podem desviar a atenção. Para começar e não se sentir um asno, escolha uma meta e uma ação e apegue-se a elas.

Essa meta e essa ação podem ser de qualquer tamanho, desde que sejam importantes para você. Podem ser pequenas, como o acréscimo de alguns minutos de predisposição mental no dia para diminuir o estresse, ou maiores, como o desenvolvimento de um programa de *coaching* que mude o jeito de o mundo encarar possíveis desafios.

Ingrediente 2: garantir apoio

A maioria das pessoas começa com motivação. Contudo, diante de um momento difícil, a motivação pode evaporar, e, às vezes, chegamos a um Ponto de Escolha em que temos de tomar uma decisão rápida de continuar ou desistir. A voz na cabeça diz "Não posso", ou "Não vale a pena", ou "Mereço uma folga", e nos incentiva a parar. Quando chegamos a esse ponto, só a motivação não basta.

Embora todos tenham o *potencial* de escavar sob o solo superficial da motivação, encontrar as raízes do compromisso e persistir, a maioria das pessoas precisa de uma voz externa, como a de um *coach* ou a de uma pessoa querida, pedindo que não desista.

Quando Al Grover queria desistir, a mulher foi o apoio mais valoroso e o ajudou a enfrentar o Ponto de Escolha crucial de voltar para casa ou continuar a jornada. Ela sabia que, se ele retornasse derrotado, sofreria com a angústia, e foi o incentivo da esposa que o ajudou a se lembrar de seu propósito e reafirmar o compromisso.

Se você não tem um(a) parceiro(a) que o apoie, recorra aos amigos, a outros membros da família ou até mesmo a um *coach* contratado para isso – qualquer pessoa que faça você se lembrar de seus "porquês" e de sua visão e ajude a fortalecer o compromisso quando vier a vontade de desistir. Você nem sempre precisa conversar. Às vezes, a mera certeza de poder contar com o apoio de pessoas que torcem pelo seu bem já basta para você enfrentar um momento de hesitação.

Outro aspecto de um sistema de apoio é que ele ajuda uma pessoa a cuidar de tarefas para as quais ela pode não ter tempo ou força enquanto se empenha em alcançar uma meta; e não estamos falando apenas de mulheres fortes apoiando os maridos. Trabalhamos com muitas executivas que contam com o apoio do marido ou do(a) parceiro(a) para cuidar da rotina diária da casa, da família e dos compromissos sociais.

Você pode criar um sistema de apoio se tiver um "parceiro no crime", isto é, alguém com quem compartilhe uma meta. Enquanto escreviam este livro e desenvolviam um empreendimento de *coaching* global, Jo e Jonathan puderam contar um com o outro. A princípio, era um trabalho difícil para Jo, que não gosta de pedir ajuda. A primeira reação de Jonathan às dificuldades de Jo foi dizer "Pode contar sempre com meu apoio". Foi sua disposição em participar da jornada de Jo que possibilitou a existência deste livro e do empreendimento de *coaching* dos dois.

O apoio também se manifesta em forma de comunidade. Al Grover voltou para casa e parou de fugir dos problemas. Decidiu encarar a realidade da própria vida. Começou a frequentar as missas na Igreja Católica e a rezar, o que lhe deu o sentido de comunidade de que precisava. Quando trabalhamos com atletas famosos ou indivíduos das Forças Armadas britânicas, também vemos o poder que a comunidade tem de apoiar seus membros.

Ingrediente 3: encontrar a própria essência e fortalecê-la com imagens

O FIT começa com o autoconhecimento: conhecer sua motivação e seu compromisso com a mudança. Para alguns, chegar a esse entendimento é fácil: existe uma meta clara que visualizam há anos, talvez há décadas, e já deram passos importantes para alcançá-la. Entretanto, para a maioria das pessoas, isso exige enfrentamento gentil, sem julgamentos, de imagens às quais se apegam e que as atrapalham, bem como a descoberta de outras imagens, novas e mais incentivadoras. Suas imagens são profundamente pessoais para você. Dedique algum tempo para encontrar as imagens que o movem emocionalmente. Pode ser uma de você vestindo sua roupa favorita ou sendo aplaudido após falar perante uma multidão. O uso (ou a falta de uso) de imagens pode literalmente garantir ou frustrar seu sucesso.

Al Grover imaginou-se conquistando um recorde mundial como o primeiro capitão de uma embarcação pequena a atravessar o Atlântico anos antes de sair do porto. Imaginou o sentimento de realização, o apoio dos entes queridos, o aroma do mar, a sensação de liberdade por estar longe da terra firme e o gosto do café enquanto observava o sol nascente sobre o vasto oceano. À medida que planejava a viagem, sentia orgulho no peito, e a energia crescia. Não sabia, mas estava usando suas imagens essenciais que fortaleceram o compromisso, a ponto de permitir que continuasse a jornada transatlântica até o fim, apesar de tantos problemas. Al Junior não definiu sua imagem essencial da viagem antes de embarcar, e, além disso, a jornada em si não tinha a ver com seu sentido de propósito. Não é, portanto, uma grande surpresa que ele tenha desistido antes do fim.

Vitória em uma luta contra o peso

Estudaremos melhor as imagens e o modo de usá-las nos capítulos seguintes, mas aqui vai um exemplo rápido de como um cliente de Jo pôde encontrar sua imagem essencial e fortalecê-la para alcançar uma meta simples: a perda de peso.

Bob passara a maior parte da vida batalhando contra o peso. Sendo médico, sabia dos danos que o peso excessivo causava ao corpo. Perdera peso no passado com dietas do tipo ioiô que o deixaram mental e fisicamente arrasado. Em duas ocasiões, perdera quarenta e cinco quilos, em períodos separados de seis meses, enquanto treinava obsessivamente para o triátlon. Quando não aguentou mais a restrição calórica combinada com a exigência intensa do treinamento sobre o corpo e a mente, a força de vontade falhou, e ele retornou aos hábitos alimentares não saudáves, engordando de novo. E, cada vez que isso acontecia, sentia-se pior.

A mulher de Bob era atleta e ouvira a respeito do FIT. Ela o encorajou a tentá-lo. Em abril de 2019, com quarenta e cinco quilos de sobrepeso, Bob se consultou com Jo. A primeira sessão de FIT ocorreu no dia de seu aniversário de cinquenta e cinco anos. Ele a marcou para esse dia com o intuito de dar a si mesmo um presente. Bob lera sobre a pesquisa e estava disposto a participar.

"Diga-me o que preciso fazer", pediu.

"Primeiro, quero saber sua história. Fale-me de você", disse Jo.

"Por onde começo?"

"Por onde quiser."

Bob contou algumas histórias significativas da infância. Era o tipo de garoto que saíra da pequena cidade no sul do país, onde crescera com a determinação de progredir e se livrar da pobreza, apesar da falta de fé do patriarca. O pai dizia coisas do tipo: "Você deveria ser encanador ou técnico de ar-condicionado, não médico". Basicamente, a mensagem era: *Quem você pensa que é, garoto?*

Bem-sucedido já como adulto, Bob ainda era importunado por uma voz interior que parecia a do pai, que dizia: "Acha que é melhor que todos nós? Pois não é!". Bob disse que queria se libertar dessa história, não só por si mesmo, mas pelos amores de sua vida: a esposa e os dois filhos adolescentes. Queria passar mais tempo com eles e viver livre do peso físico e mental do passado.

"Não quero mais ser assim", ele disse a Jo.

"Assim como?"

"Com problemas de saúde, incapaz de andar longas distâncias. Ficar sem fôlego e sentir dor. Neste verão, planejei uma viagem para a Europa com Meg e os meninos e quero passear com eles, explorar novas cidades; enfim, ser uma família. É uma de nossas últimas viagens antes de Max entrar na faculdade."

"O que diria a um de seus pacientes se ele estivesse no seu lugar?"

"Que seria capaz de tudo isso. Eu o ajudaria a elaborar um plano."

"Diz isso de maneira afetuosa. Seus pacientes são felizes por contar com você."

"Obrigado."

Em seguida, Jo ajudou Bob a encontrar as próprias imagens.

Imagine que você consegue viajar no tempo e vai para o dia em que completa cinquenta e seis anos. Queria atingir sua meta de ficar em boa forma, mas a vida atrapalhou. Você deu atenção à voz na cabeça dizendo-lhe que não era merecedor. Por isso, nada mudou. Pausa. Você está saindo da cama na manhã de seu quinquagésimo sexto aniversário. Observe as cores do quarto, os sons, a luz. Respire fundo uma vez. Quais gostos e cheiros percebe? Use todos os sentidos para estar presente. Seus pés tocam o chão. Qual é a sensação? Como ela afeta seu dia e o tempo que você passa com seus entes queridos?

"Sinto-me triste, pesado. Foi horrível", Bob disse.

"Tentemos outra coisa. Outra experiência com imagens que, prometo, será diferente. Desculpe-me levá-lo a um lugar ruim. Há um motivo para isso, e daqui a pouco explicarei."

Novamente, Jo o conduziu à visualização da manhã em que ele completa cinquenta e seis anos, mas dessa vez: "Você tem hábitos alimentares mais saudáveis e dedica tempo para alcançar sua meta pessoal. Enfrentou desafios, porém não desistiu. Respire essa sensação de conquista. Aproveite-a. Ao sair da cama, você pisa no chão. Perceba a sensação ao se levantar, ao caminhar. Observe as cores, os sons, os gostos e os pensamentos que lhe ocorrem. Use todos os sentidos para estar presente".

Alguns minutos se passaram, e o rosto de Bob pareceu mais tranquilo.

"OK, agora volte", instruiu Jo. "Pode abrir os olhos. Como foi?"

"Alegre e leve."

"Lembre-se desse sentimento: a diferença entre triste e pesado e alegre e leve. Retorne a ele sempre que puder. É você que decide a qual imagem se apegar. Ela determinará seu comportamento. São imagens que você pode invocar diante de um Ponto de Escolha."

Em breve, voltaremos à história de Bob.

Ingrediente 4: confiança

Um aspecto característico do FIT é que não dizemos o que você deve fazer; confiamos que você já sabe. Não somos especialistas em sua vida; você é. Esse é o maior salto de fé para nossos clientes. Nós os ajudamos a compreender que a descoberta de suas imagens é uma jornada interior, não exterior. Ela exige que você pare de se comparar com os outros. Pare de buscar soluções externas. A confiança interior de que você precisa é construída à medida que apoia a si mesmo, acalma a mente e recorre aos sentidos. Se levar a sério a mudança e quiser uma vida diferente da que vive agora, você precisará confiar em si mesmo. Mas a confiança não pode ser construída com base na esperança. Ela se fundamenta na compreensão do espectro da tarefa e na disposição para o compromisso. Jo e Jonathan ajudam os clientes a encontrarem essas respostas graças aos exercícios a seguir com o diário.

COMPREENDA O ESPECTRO

EM SEU DIÁRIO, RESPONDA A ESTAS PERGUNTAS:

- O que você sonha em fazer?
- Quais valores têm relação com esse sonho?
- Qual é o seu Rubicão (seu ponto de não retorno)?
- De que você abre mão se decidir atravessá-lo?
- Quais são os riscos potenciais?
- Em que ponto a travessia vira uma má ideia?
- Quem estará com você e o que a pessoa ganhará com isso?
- Como é sua vida do outro lado dessa travessia?

Quando você compreender para onde está indo, será um ótimo momento para fazer aquela proverbial "checagem íntima" e decidir se está pronto para se comprometer.

DETERMINE SUA DISPOSIÇÃO PARA O COMPROMISSO

No diário, siga uma escala de 1 a 10 para determinar o nível de compromisso com sua meta. Para este exercício, responda a estas perguntas (1 = não disposto; 10 = totalmente disposto):

1. Qual é a importância dessa meta para você?
2. Está disposto a começar?
3. Qual é o grau de compromisso com sua meta?

Em seguida, reflita sobre sua posição em termos de compromisso com a meta. Veja a escala de 1 a 10 para as perguntas anteriores e responda a estas outras para cada uma das três primeiras.

- Por que é esse número da escala?
- Por que não é menos?
- Por que não é mais?

- Por que há um espaço? (Por exemplo, talvez seja 10 em importância, mas você classificou a disposição em começar como 5.)
- O que você pode fazer para facilitar o começo?
- Que prioridades talvez precise mudar?
- Qual seria uma data realista?

Veja como foi com Bob:

Jo: Em uma escala de 1 a 10, quanto você quer mudar, sendo 1 "Não muito" e 10 "Quero muito essa mudança"?

Bob: 10.

Jo: Quanto você acredita que consegue mudar?

Bob: 8.

Jo: Por que não 6 ou 7?

Bob: Porque já fiz isso antes. Nesse ponto, sou especialista em perda de peso.

Jo: Pode ser diferente agora?

Bob: Sim, com sua ajuda.

Jo: Quando a gente muda, sempre precisa abandonar alguma coisa.

Bob: Sim.

Jo: Você vai abandonar aquela velha história de que não deve acreditar em suas habilidades.

Bob: Sim, sei disso. É meu aniversário, e estou pronto.

Se você classificou sua disposição (pergunta 2) em 6 ou menos, é sinal de que não está pronto para dar passos concretos em direção à meta... ainda. Tudo bem. Talvez precise pensar mais na meta e fazer alguns ajustes. Ou talvez queira competir em seu esporte como *hobby*, seja ele golfe, remo, corrida ou basquete. Então, estabeleça uma meta apropriada. Você pode vê-la, cheirá-la e tocá-la. Mas um membro de sua família não está bem. Os cuidados com essa pessoa requerem seu tempo e sua energia; porém, seu bem-estar mental também precisa disso. Talvez você se sinta dividido, em conflito. Esse é o momento de reavaliar seus valores essenciais e recalibrá-los. É um processo que lhe poupará tempo, energia e frustração.

De modo geral, antes de se comprometer com uma meta, certifique-se de que o resultado dela:

- Está relacionado aos seus valores
- É importante para seu propósito
- É um diálogo, não um monólogo (há dois lados na conversa interna ou apenas um?)

Esse último ponto necessita de elaboração. O diálogo interno é a maneira como você conversa sobre a meta consigo mesmo e justifica por que vale a pena se empenhar em alcançá-la. Os monólogos, por outro lado, não acrescentam clareza ao modo como a meta será atingida e não dão profundidade à importância dessa meta. O diálogo interno explora os desafios que você enfrentará, examina sua confiança em conquistar a meta e fortalece a motivação e o compromisso resultante.

Nas oito sessões que tiveram, Jo nunca disse a Bob quanto ele podia comer ou devia se exercitar. Jamais lhe perguntou quanto peso queria perder. Era a última coisa de que Bob precisava depois de tentar tantas dietas restritivas e passar por várias flutuações extremas de peso. Bob aprendeu a evitar o uso de quilos para medir o sucesso ou o fracasso. Todavia, quatro meses depois da primeira sessão de FIT, ele contou a Jo que perdera quase sete quilos e meio. E o mais importante: fez a viagem de verão com a família. Eles visitaram cidades novas e participaram de caminhadas. Ele voltou para casa motivado a continuar e disse a Jo que foi maravilhosa a sensação de viajar de avião com conforto.

Saiba quando desistir e quando persistir

Chega uma hora em que você para de pensar na ação e passa a *colocá-la em prática*. Esse momento começa com um compromisso e uma única pergunta: "O que posso fazer agora?". Saiba que, às vezes, sua motivação estará baixa. Quando isso acontecer, o equilíbrio e a autocompaixão o encorajarão a seguir em frente. Pratique a interrupção do comportamento no piloto automático, ampliando sua janela de decisões, seu Ponto de Escolha, porque assim terá mais propensão a escolher um caminho que sustente não só você, mas também seu sonho.

Do mesmo modo que o compromisso é essencial para a conquista de uma meta, também é imprescindível entender de antemão quais circunstâncias farão com que você persista ou desista, visando ao seu bem-estar.

A escolha da persistência ocorre quando você reexamina seus valores e seus propósitos e percebe que a meta ainda é importante e, portanto, vale a pena. É igualmente vital determinarmos onde está o Ponto de Desistência. Conversamos sobre ele com os clientes, logo no início, quando a meta é grande e requer sacrifícios imensos. Fazemos perguntas do tipo: "Em que momento você perceberá que os custos superam os benefícios?"; "Em que momento o sacrifício será grande demais para as pessoas à sua volta?". Essa linha de questionamento é essencial porque, quando estamos sob forte estresse, é fácil perdermos a perspectiva. Por isso, planejar é indispensável.

Quando a mente é rígida, podemos nos distanciar tanto de nosso sofrimento que o corpo envia um sinal de alerta, por exemplo, um ataque de pânico. Em todos os anos de Jo como terapeuta especialista em ansiedade e ataques de pânico, o pior caso que ela encontrou foi o de uma mulher de vinte e seis anos que chamaremos de Shelly.

O Ponto de Desistência de Shelly

Os ataques de pânico de Shelly começaram quando ela conseguiu um emprego no setor imobiliário comercial. Era um tanque de tubarões, e Shelly nada tinha em comum com seus pares. Tinha motivação para se dar bem no trabalho e não se via como alguém que desiste; assim, perseverava, apesar de se sentir angustiada e estressada. Ignorou o peso que aquele emprego lhe impunha ao corpo e à mente, até o dia em que fazia compras em um shopping center e teve um ataque de pânico tão severo que pensou que fosse morrer. Ficou temporariamente paralisada. Os paramédicos a levaram de ambulância a um hospital perto dali. Os médicos realizaram uma bateria de testes neurológicos e determinaram que ela estava bem fisicamente. Disseram-lhe que talvez tivesse sofrido um ataque de pânico grave e lhe indicaram a terapia com Jo. Em duas sessões, Jo pôde ver a causa do problema. Shelly detestava o emprego. Ele a estava comendo viva.

"Então, preciso tomar remédios?", Shelly perguntou.

"Não, mas precisará de outro emprego", Jo disse.

Shelly estava disposta a fazer tudo para se livrar dos ataques de pânico. Resolveu deixar o emprego para poupar seu bem-estar mental e físico. Pediu demissão e logo encontrou um emprego novo, em um ambiente mais apoiador. Os ataques de pânico cessaram. Nem todos os Pontos de Desistência são tão dramáticos. Não precisam sequer ser minimamente dramáticos se você prestar atenção e fizer um autoexame de tempos em tempos, sempre no caminho até a meta. O ideal é que a decisão de desistir não seja tomada sob pressão, quando você talvez aja por medo em vez de enxergar o quadro geral. Mencionamos o Ponto de

Desistência como opção; não é um ponto focal ou uma meta. Não deve fazer parte de sua prática diária de criar imagens. O mero fato de você saber que existe esse ponto o ajuda a antever as condições que o fariam sair de uma situação para garantir seu bem-estar.

Lembre-se de que seu compromisso com uma meta, no início, não significa que ele deve ser fixo. Você é uma pessoa em evolução, sempre em desenvolvimento, e seus valores e seu sentido de importância e propósito mudam com o tempo. E, quando mudam, você pode sentir que precisa reimaginar o futuro e realinhar as metas. A beleza das imagens é que elas são flexíveis. Você pode manipulá-las até se sentir confortável com elas. E cabe a nós ensinar você a fazer isso.

PARTE II

Como Reimaginar seus Objetivos

CAPÍTULO 4

Prática de Imagens Multissensoriais

A verdadeira viagem de descoberta não consiste
em buscar novas paisagens, mas em ver
com novo olhar.
- Marcel Proust

A maioria de nossos clientes, estudantes e até outros *coaches* com os quais trabalhamos presume, a princípio, que criar imagens não passa de cenas que vemos na mente. Mas não é isso. Aquilo que "vemos" na mente se chama visualização. Criar imagens é algo diferente e mais poderoso que a visualização, pois envolve *todos* os sentidos.

Eis um exemplo: visualize mentalmente uma maçã. Veja a forma, a cor e o tamanho dela. Consegue? Isso é visualização.

Agora, imagine como é tocar a maçã, sentir sua firmeza, sua textura. Imagine o cheiro da fruta, o ruído que faz quando você a morde e a sensação enquanto a come. Isso é criar imagens. São imagens ligadas a emoções, a significados. Quando você envolve todos os sentidos na imaginação, seu corpo reage com uma resposta fisiológica muito próxima do objeto real. Tão próxima, aliás, que a mente pode enganar o corpo e fazê-lo agir.

O filho de Jo, Wiley, experimentou esse fenômeno aos 12 anos. Willey é alérgico a pelo de cavalo. No entanto, quando a família de Jo foi ver a peça *War Horse* (*Cavalo de Guerra*) no Lincoln Center, em Nova York, ninguém se preocupou com a alergia de Wiley porque o personagem cavalo, Joey, era uma marionete gigante feita de materiais simples: náilon, junco e fios, tudo confeccionado à mão. Era uma produção imersiva e impressionante; os sons, a iluminação e sobretudo os três indivíduos por trás das marionetes moviam o cavalo como se ele fosse real. Haviam estudado cuidadosamente os movimentos para desenvolver o personagem, tombando um pouco a cabeça, agitando o rabo e mexendo as orelhas para indicar emoção. Embora os seres humanos por trás da marionete fossem visíveis, desapareciam quando Joey se transformava em um cavalo vivo, que respirava, ocupando a imaginação da plateia.

No instante em que Wiley acreditou que o cavalo era real, seu corpo teve uma reação histamínica. Começou com vermelhidão, mas logo piorou – ele não conseguia respirar. Jo achou que o garoto estava engasgado, e, quando tentou ajudá-lo, Wiley apontou para a marionete do cavalo. "Meu bem, não é de verdade", Jo sussurrou. Tão rápido como começara, a reação alérgica desapareceu.

Imagine de novo a maçã. Mais uma vez, concentre-se em todos os aspectos dela. Como é a aparência da fruta? Sinta o peso enquanto a joga para cima e a pega de volta. Como é o cheiro se você a aproxima do nariz? Qual é a textura da maçã em sua mão? Quando você a morde, como é o ruído? Talvez agora você esteja com vontade de comer uma maçã fresca e suculenta. Talvez seja algo tão visceral que você precisou interromper a leitura e agora está comendo uma maçãzinha deliciosa. Se isso aconteceu, então o fato de imaginar uma maçã (estímulo) criou uma reação: desejar comer uma.

Experimentamos estímulos constantes e reagimos a eles de maneira consciente ou inconsciente. Nossas reações podem ser saudáveis, como saborear uma maçã, ou insalubres, como cair em um vício.

Quando o FIT foi desenvolvido, a equipe de pesquisadores da Universidade de Plymouth estudava os desejos obsessivos. Queria saber por que uma pessoa com compromisso autêntico de largar as drogas ou o álcool podia ser imediatamente assolada por um desejo obsessivo. Essas compulsões, sempre sensoriais, dominam a lógica e a vontade de um indivíduo.

Você já sentiu o aroma de um biscoito ou de um pão recém-saído do forno e, em decorrência disso, quebrou um regime? Um simples odor pode fazer você fantasiar sobre a textura cremosa ou crocante, e aí começa a elaboração de como seria o gosto. Além disso, pode desencadear uma sensação nostálgica associada aos biscoitos ou aos pães que sua avó assava. Pensamentos iniciais dessa natureza, que você elabora com imagens multissensoriais, evocam sentimento de prazer. Dependendo do estímulo, essas sensações podem ter o potencial de desviá-lo de suas metas, e rapidamente.

Imagens cognitivas e imagens motivacionais

A maioria de nós, ao estabelecer uma meta, *imagina* algum resultado dessa meta, levando em consideração o esforço que será necessário para alcançá-la. Podemos subdividi-la em tarefas e alvos menores. Perguntamos frequentemente: *A meta vale o esforço?* E fazemos a análise de custo/benefício. Se determinarmos que vale a pena, mergulhamos nela, fazemos planos e nos esforçamos para atingir os alvos.

A criação de imagens funciona conectando o eu presente com o potencial futuro.

As imagens podem ser *cognitivas* ou *motivacionais*.[1] Uma imagem cognitiva consiste tão somente em pensar nos detalhes de uma tarefa que você imagina, como beber uma xícara de café ou escolher o melhor caminho de carro até uma reunião. Não envolve emoções, significados ou propósitos, mas apenas a tarefa em si. A imagem motivacional inclui o significado e o propósito associados à tarefa, por exemplo, por que café? (Talvez porque ajude a começar o dia de maneira específica, fazendo com que você relaxe.) Ou por que a reunião é importante? (Talvez seja um passo vital para uma grande oportunidade.)

Seja cognitiva ou motivacional, vemos três partes em nossa meta: *imaginar o resultado*, *nosso desempenho* e *o processo de atingir o alvo*.

Imagem cognitiva

Criar imagens cognitivas é um método extremamente útil de melhorar o desempenho nas mais variadas áreas: medicina, por exemplo, na preparação para uma cirurgia; educação, no controle do estresse antes de provas; e esporte, para aperfeiçoar os arremessos, por exemplo.[2] É útil porque a prática de ensaio mental fortalece a autoconfiança das pessoas em quaisquer tarefas, principalmente aquelas que exigem prática física.

Durante um minuto, faça de conta que você é um golfista e quer atingir setenta e cinco pontos em um jogo importante amanhã. Sua meta é realista, e você está pronto para alcançá-la. Um exercício de imagem cognitiva seria levar em conta o resultado da meta (setenta e cinco pontos). Em seguida, pensar no desempenho (quantos buracos para não exceder os pontos-alvo) e, por fim, considerar o processo (*como* bater na bola).

Essas três partes serão abordadas com elaboração. Você usa detalhes multissensoriais para imaginar o campo de golfe: o clima, os sons, a paisagem, a sensação do taco na mão, tudo que o faça viver o momento.

Imagine o *resultado* de conseguir os setenta e cinco pontos desejados. Imagine cada jogada até alcançar os setenta e cinco pontos, a passagem pelos primeiros quatro buracos, depois o quinto etc. Agora, imagine o *desempenho*, desde a postura até os movimentos para acertar a bola no buraco. Mentalmente, veja a bola rolar e talvez precise tocá-la de novo de uma posição difícil. As metas de desempenho são a sua tática. Constituem o modo como *você* põe em prática *sua habilidade*.

Por fim, imagine o *processo*. É a sequência técnica de bater na bola, desde a posição inicial até o movimento de acompanhar o trajeto dela a partir da tacada. Essa fase de processo foca em visualizar a bola no *tee* (o montículo inicial), a sensação do solo, a posição das mãos no taco, o ritmo da respiração, a direção do vento, os joelhos flexionados, o movimento com o taco, o som da bola sendo tocada, o voo parabólico no ar etc.

Apesar de magnífica e eficaz, a imagem cognitiva baseia-se em tarefas e não é intrinsicamente motivacional. Alguém pode chegar até a metade de uma tarefa e desistir. Por quê? Porque não tem motivação para continuar. Para a imagem cognitiva ser eficaz no Ponto de Escolha – quando a tarefa fica difícil, e você quer desistir –, precisa ser acompanhada da imagem motivacional.

Imagem motivacional

Em geral, a imagem motivacional é dividida em duas partes amplas: específica e geral. A imagem motivacional específica tem significado (por que tal coisa é importante para mim agora e para meu progresso futuro?), enquanto a imagem motivacional geral afeta as emoções e o autodomínio (como posso cuidar de minha estimulação e do estresse?). Mais uma vez, pense em nosso hipotético desafio no golfe. O resultado (setenta e cinco pontos) e o desempenho (jogadas por buraco) agora estarão acompanhados de importância ou significado: seu motivo. Por que é importante para você alcançar setenta e cinco pontos e como essa pontuação agrega valor ao seu aprendizado? E se conseguir setenta e sete ou setenta e três pontos? Associar as emoções à conquista de uma meta pode ajudá-lo a melhorar o desempenho.

A pesquisa original que analisou as imagens cognitivas e motivacionais de atletas e dançarinos mostrou que ambos os fatores são importantes para o desempenho.[3] A pesquisa indicou também que, quanto melhor for a habilidade de uma pessoa em criar imagens, maior será a probabilidade de alcançar *status* de elite em sua profissão. *Por isso é tão primordial aprender a usar imagens: tem o potencial de aprimorar sua habilidade para a preparação, o desempenho e a perseverança.*

Gary Player, vencedor de nove campeonatos importantes de golfe, disse: "Quanto mais pratico, mais sorte tenho". O mesmo parece se aplicar à criação de imagens. As imagens são como músculos e, igual a eles, precisam de exercício para ganhar força. Quanto melhor for seu domínio das habilidades em criar imagens, maiores serão suas chances de controlar a própria percepção das tarefas, seu modo de planejar e, por fim, seu desempenho.

Imagens ativas *versus* imagens inativas

Imagine por alguns segundos que está a cerca de oito quilômetros no mar, em águas tépidas. Sinta a água moderada na pele e aproveite a sensação de paz enquanto boia tranquilamente, olhando o céu azul. De repente, você ouve alguém gritar. Devagar, move-se na água e olha ao redor. Vê a barbatana de um tubarão. Calcula a distância até a praia e a posição dele. Ele parece vir ao seu encalço. O que você faz?

A maioria das pessoas nadaria feito doida. Alguns mais ousados ficariam onde estão para dar as boas-vindas ao tubarão. Ao pensar nesse exemplo, talvez você tenha percebido as pupilas dilatarem, o batimento cardíaco acelerar, e o suor escorrer. Essas reações são automáticas, e esse tipo de imagem se chama *imagem ativa*, porque prepara o corpo para a ação.

Aquilo que você imagina geralmente influencia suas emoções, e estas afetam sua fisiologia.[4] Emoção aliada ao significado são os ingredientes ativos que produzem imagens vívidas. As imagens vívidas (em especial, aquelas que envolvem todos os sentidos) determinam as reações físicas, que, até certo ponto, amplificam a motivação.

O oposto da imagem ativa é a *imagem inativa*, quando a emoção é removida. Imagine-se deitado em uma bela praia; o dia está ensolarado, e você saboreia uma bebida gelada enquanto lê um livro. Essas imagens, provavelmente, o ajudam a relaxar. Não há nada errado em uma pessoa se sentir relaxada; aliás, pode ser muito bom. Entretanto, o relaxamento não fortalece a motivação. Se você está confortável, não tem necessidade de se esforçar para coisa nenhuma.

Para o exercício de imaginar um tubarão, usamos imagens ativas, o que significa que elas o motivaram a se sentir de determinada maneira (e, se necessário, agir), enquanto as imagens de um dia bonito na praia são consideradas neutras ou inativas. Neutras porque não motivam a ação. Podemos supor que, embora você não tenha suado ao se imaginar na praia, nem teve o batimento cardíaco acelerado, talvez tenha apertado um pouco as pálpebras enquanto se imaginava lendo um livro sob a luz do sol. Tudo isso mostra o poder que as imagens exercem sobre a fisiologia, mesmo quando imaginamos algo neutro.

Claro que poderíamos fazer o contrário com seus olhos se pedíssemos que imaginasse uma mudança na intensidade da luz; talvez esteja deitado na cama, adormecido, sonhando. Acorda devagar e abre os olhos. Olha ao redor do quarto para saber que horas são. Ainda é cedo, então você se vira para o outro lado e se acomoda sob as cobertas. Essa é uma imagem inativa, neutra. De repente, enquanto você ainda está deitado, alguém entra no quarto e acende a luz. Você pensa no significado desse ato: uma pessoa entrou em seu quarto e acendeu a luz: que atrevimento! Com certeza, teria uma reação emocional. Seu batimento cardíaco aumenta. Você pode se irritar e gritar à pessoa "Qual é o seu problema?". Nessa sequência, vivenciou imagens ativas.

> Imagens ativas, baseadas em emoção, mudam o jogo quando falamos em aumentar a motivação e alcançar uma meta.

Meça sua habilidade para criar imagens

Por alguns segundos, imagine-se a observar o pôr do sol. Acompanhe o poente abaixo do horizonte. À medida que o brilho diminui, o céu escurece, o horizonte se torna menos claro e perde as cores. Logo chega a escuridão. Agora, devagar, você olha para cima e vê as estrelas distantes e uma lua crescente.[5]

Em uma escala de 0 a 10, em que 0 equivale a nenhuma imagem e 10 a uma imagem tão vívida quanto a cena real, como você classifica sua criação de imagens? Anote. Essa classificação é um indício de sua atividade neural visual. Não se preocupe se o número for baixo. Ao treinar sua habilidade para criar imagens, você aumentará a atividade cerebral e começará a construir novas conexões neurais.[6] Mas essa é apenas uma forma minúscula de medição das imagens visuais, e estas, por sua vez, constituem uma única camada de todos os tipos de imagem que podem ser acessados por meio dos sentidos e das emoções. Se quiser desenvolver sua habilidade para imagens holísticas – combinação de imagens cognitivas com motivacionais (exploradas no próximo capítulo) –, você precisará usar a imaginação em formato multissensorial. Estabeleçamos, então, um marco zero de como está sua habilidade para criar imagens agora, para que a partir dele possamos refinar essa habilidade até obter os melhores resultados.

A habilidade para criar imagens é medida por dois padrões: *controle* e *vitalidade*. Entenda controle como algo semelhante a um controle remoto para mudar os canais da televisão: você o usa na mudança entre os pensamentos. Começa pelas notícias, passa para os esportes, talvez assista a alguns desenhos animados, e assim por diante. Ele também ajusta o volume da TV (sua mente), que tem a ver com a conversa interior, o grau em que consegue ouvir os próprios pensamentos. Mas voltaremos a esse detalhe mais adiante.

A vitalidade pode ser comparada à qualidade da resolução do aparelho de TV. Na época das televisões analógicas, às vezes você sintonizava determinado programa com ajustes na antena, e algumas imagens pareciam borradas, obscuras. Hoje, os televisores são digitais: HD, 4K, ultra 4K, OLED, 8K. E com cada tecnologia nova a qualidade da imagem é mais vívida e limpa. O desenvolvimento da habilidade para criar imagens vívidas na mente é semelhante a essas atualizações tecnológicas.

A habilidade para criar imagens foi avaliada pela primeira vez em 1880, por Francis Galton (primo de Charles Darwin), o qual usou uma técnica que denominou "pesquisa à mesa do café da manhã".[7] Vamos experimentar a primeira parte. Galton escreveu: "Suponha que está sentado à mesa para o café da manhã. Preste bastante atenção à imagem que aparece em sua mente. Ela é nublada ou muito clara? A vividez se compara à da cena real?".

Agora, em uma escala de 0 ("Minha habilidade é zero. Lembro-me da mesa, mas não a vejo") a 10 ("Clara, distinta, nem um pouco borrada"), classifique a iluminação (isto é, a vividez com que vê a imagem).

Métodos modernos de avaliar a habilidade para criar imagens oferecem uma fotografia clara de como a mente funciona. Aqui, substituímos as sensações físicas por imagens vestibulares porque elas avaliam os movimentos imaginados, e isso é essencial no trabalho com uma pessoa que queira aperfeiçoar uma habilidade. Ao utilizarmos partes do Questionário de Imagens Sensoriais de Plymouth (Psi-Q), começaremos a desenvolver sua habilidade para criar imagens, sentido por sentido.[8] A medição dessa habilidade é importante porque a prática deliberada de imagens deve envolver a maior quantidade possível de sentidos. O questionário nos permite detectar onde estão os pontos fortes e ver quais áreas oferecem oportunidades de aperfeiçoamento.

Na tabela a seguir, classifique cada imagem de 0 (nenhuma imagem) a 10 (vívida como o objeto real). Dê ao sentido alguns segundos e anote a classificação no espaço correspondente. Não há respostas certas ou erradas.

QUESTIONÁRIO SINTETIZADO DE IMAGENS SENSORIAIS DE PLYMOUTH

Sentido	Pergunta	Pontos
Visual	Imagine o aspecto de uma fogueira	
	A aparência do pôr do sol	
	Um gato subindo em uma árvore	
Auditivo	Imagine o som de uma buzina	
	O som de mãos em um aplauso	
	A sirene de uma ambulância	
Olfativo	Imagine o aroma de grama recém-cortada	
	De madeira queimando	
	Uma rosa	

Sentido	Pergunta	Pontos
Gustativo	Imagine o gosto de pimenta-do-reino	
	De limão	
	De mostarda	
Vestibular	Imagine a sensação física de se equilibrar em uma perna só	
	De chutar uma bola	
	De balançar um taco de beisebol	
Tátil	Imagine o toque no pelo de um animal	
	Na areia morna	
	Em uma toalha macia	
Emocional	Imagine sentir-se animado	
	Sentir alívio	
	Apaixonar-se	

Agora, interpretaremos sua habilidade para imagens em cada um dos sentidos. Apresentamos uma lista da média de pontos como referência. Seus pontos pessoais são o marco zero a partir do qual você pode se aperfeiçoar no decorrer da leitura deste livro.

Imagens visuais

Se sua classificação foi 9 ou mais, você tem imagem vívida, conhecida como hiperfantasia. Se a classificação ficou entre 4 e 8, está no escopo normal de imagem visual. Caso esteja entre 3 e 1, você tem hipofantasia. Contudo, se foi 0, você não é visual e encontra-se em estado conhecido como afantasia. A afantasia não é necessariamente ruim.

Quem tem pontos muito altos em tarefas de visualização possui alta ativação neural, mas isso não significa que pessoas com pontos mais baixos não possam usar a imaginação para definir metas e perceber resultados. Apenas precisam usar uma abordagem diferente e ativar caminhos neurais igualmente diferentes. (Ver a seção final deste capítulo a respeito de problemas com imagens.)

Há também diferenças entre visualização baseada na lembrança de objetos e rostos e visualização de imagens baseada em fantasia, como o infame experimento do "elefante cor-de-rosa", no qual se pede às pessoas que *não* imaginem um elefante cor-de-rosa e é exatamente isso que elas afirmam imaginar. As imagens visuais geralmente têm classificação mais alta nas pessoas com as quais trabalhamos, chegando a 8/10, indicativo de que, de modo geral, essa é a forma mais acessível de imagens para as pessoas usarem.

Pedimos anteriormente que, com o olho mental, você imaginasse uma maçã. Faça a mesma coisa agora, mas, dessa vez, concentre-se muito mais na cor, na forma e no tamanho da fruta. Pode ser uma única maçã ou talvez uma entre várias em uma macieira. Inclua na imagem o caule e uma folha. Esses detalhes ficarão na memória, pois significam que a imagem foi extraída de uma lembrança existente. Agora, tente imaginar uma maçã grande (do tamanho de uma bola de basquete), prateada, no mesmo contexto, em uma árvore ou isolada. Isso é fantasia, ou seja, presumimos que você nunca tenha visto uma maçã de verdade, mas talvez estejamos enganados! Classifique essa fantasia de 0 a 10. Por enquanto, não importa se não consegue imaginar a maçã grande prateada; na próxima seção, aprenderá a treinar sua habilidade a fim de criar imagens. Pode usar o mesmo método para classificar a si próprio quanto à habilidade para usar imagens com os outros sentidos.

Imagens auditivas

Os sons são imaginados das mais diversas maneiras. Por exemplo, imaginar uma canção é muito mais complexo que imaginar um ruído isolado, pois as músicas contêm melodia, harmonia, timbre, intensidade e ritmo. Isso significa que imaginar uma canção é um processo mais vívido que imaginar um som específico, como uma tosse. As canções têm capacidade repetitiva, às vezes com a tendência de se tornarem músicas-chiclete, que não saem da cabeça. Em nossa experiência, uma imagem auditiva raramente é classificada como 0 por causa do falatório interno constante em nossa cabeça. Sejamos honestos: adoramos falar sozinhos. No entanto, como muitos dos itens de teste na escala, é mais difícil evocar o som se o estímulo for desconhecido (por exemplo, o gemido de um macaco-rhesus).

De volta à nossa maçã. Você pode se imaginar mordendo um pedaço de uma maçã madura? O som é discreto? Consegue se ouvir enquanto come a maçã? Se a maçã *não* estivesse madura, como seria o som ao mordê-la? Classifique a clareza desse som no ouvido mental, de 0 a 10. Alteramos parte do som (de maçã madura para verde), e isso pode evocar uma reação auditiva diferente no cérebro. Se isso acontecer, significa que você tem forte controle e vitalidade relacionados ao som. As imagens auditivas recebem classificação média de 7,2/10 e, como se alinham ao bate-papo interno, raramente ficam abaixo de 2.

Imagens olfativas

As imagens de cheiros isolados costumam ter classificação mais baixa entre todos os sentidos: 6,2/10, mas também são as que mais variam entre as pessoas. Essa alta variação de pontos provavelmente se deve à experiência. Por exemplo, lembrar-se do perfume de uma rosa pode ser fácil para um jardineiro, mas não para alguém que evita cheirar flores de perto, talvez por causa de alguma alergia ao pólen. Se sua classificação nisso foi 0 e você não consegue imaginar cheiros, esse é o estado que chamamos de anosmia, enquanto uma classificação entre 1 e 3 é a hiposmia. O estado entre 4 e 8 pontos é considerado boa imagem olfativa, e, se você tem pontos mais altos, sua sensibilidade a aromas é grande e está na condição chamada hiperosmia.

Em todos os sentidos, podemos separar o estímulo em subcomponentes, e, nesse caso, entre agradável e desagradável. Nossos clientes costumam relatar que os cheiros agradáveis, como o aroma de pão no forno, são lentos para evocar reações imaginadas, enquanto um cheiro desagradável imaginado, como o de leite azedo, é muito rápido. Como sempre, você tem mais tendência a evocar esses odores se já experimentou o estímulo olfativo há pouco tempo.

Lembra-se de ter entrado em uma quitanda? Concentre-se no odor das frutas. Pode imaginar o aroma de uma maçã? Talvez uma maçã orgânica com cheiro doce? Talvez alguma outra fruta tenha cheiro que encobre o da maçã. Passe alguns segundos pensando nessa agradável fragrância; fica mais intensa à medida que você se aproxima da fruta. Classifique sua habilidade para imaginar o cheiro, de 0 a 10.

Imagens gustativas

A lembrança da pasta de dentes é a que tem a classificação mais alta, pois a provamos ao menos três vezes ao dia. Imagens olfativas e gustativas costumam ter relação muito próxima, mas são processadas de modo diferente no cérebro. Por exemplo, por causa da covid-19, muita gente alega perda de olfato, enquanto não ocorre impacto no paladar, ou vice-versa. As imagens gustativas baseiam-se em subcomponentes. Podemos dividir os gostos em doce, azedo, amargo, salgado e umami. Mais uma vez, porém, a experiência pessoal influencia o prazer de um ou outro gosto. A pontuação média para essa categoria é 6,5/10. Zero é o que chamamos ageusia; pessoas com pontos baixos têm hipogeusia; imagens "boas" ocorrem em torno da média; e a hipergeusia é o estado de quem se classifica acima de 9.

Agora, você vai comer a maçã! Essa imagem é focada no gosto; portanto, imagine o sabor ceroso da casca da maçã quando toca seus lábios. Enquanto você a mastiga, ela libera um sumo doce, e – *hummmm* – as papilas gustativas se satisfazem. Você dá uma segunda mordida, mas, dessa vez, ela está azeda! Uma mudança grande desde o primeiro pedaço, porém assim é a natureza. Continue comendo-a. Classifique sua habilidade para imaginar esses gostos, de 0 a 10.

Imagens vestibulares

Geralmente chamada de cinestésica ou de imagem baseada em movimento, a imagem vestibular é o processo de imaginar um movimento sem mexer uma parte específica do corpo. Atletas e dançarinos costumam ter pontos altos para esse sentido, mas os pontos da maioria da população são mais baixos, na média de 7,1/10.

Dizemos que as pessoas com pontos baixos (3 ou menos) têm imagens hipovestibulares, enquanto as que têm pontos mais alto (9 ou mais) são hipervestibulares. As imagens vestibulares podem ser divididas em movimentos específicos e gerais. A imagem vestibular específica envolve o movimento de um único braço ou perna, por exemplo, estender-se para apanhar um copo d'água. A imagem vestibular geral é uma ação combinada que envolve padrões múltiplos de movimentos e ocorre em cadeia, como no instante em que você imagina o movimento de uma jogada de golfe. Quando trabalhamos com atletas cuja imagem visual é limitada, o sentido vestibular geralmente tem classificação mais alta. Talvez isso se deva à repetição frequente de movimentos que eles ensaiam e refinam para terem sucesso no esporte.

Com nossa maçã imaginária, envolver esse sentido significa imaginar a sensação de jogá-la para alguém (não *em* alguém). Imagine por alguns segundos o peso da maçã na mão. Talvez você a jogue no ar e a pegue algumas vezes, a fim de verificar o peso. A outra pessoa está a cerca de um metro de distância, então você deve jogar a maçã para ela, com força, de modo que ela possa apanhá-la. Imagine o processo de jogar. Seu braço gira para trás e depois para a frente, até a mão soltar a fruta. A maçã voa pelo ar. Classifique a eficácia do movimento imaginado, de 0 a 10.

Imagens táteis

Em média, o tato imaginado tem classificação 7,4/10, com pontos mais baixos (3 ou menos) chamados hipoestesia e mais altos (9 ou mais) denominados hiperestesia. Entretanto, a imagem tátil é enganosa como medida porque é difícil separar os sentidos. Por exemplo, imaginar o toque em pelo de animal geralmente envolve *ver* o pelo e o *movimento* de tocá-lo. A imagem tátil, portanto, tem três subcomponentes iniciais principais: textura, movimento e temperatura. Constatamos que as pessoas com pontos altos usam os três. Às vezes, ela evoca, ainda, a imagem visual. Ao imaginar a areia e deixar que a mente a elabore, você pode recriar os três componentes – talvez a areia seja macia (textura) e quente (temperatura) sob os pés, enquanto você caminha devagar sobre ela (movimento). Talvez você veja a cor dela (visual).

Nossa maçã imaginada é madura, macia e morna. Você toca a maçã com os dedos e a aperta para testar a firmeza. Classifique esse toque, de 0 a 10.

Imagens emocionais

O sentido mais importante a imaginar é a emoção, pois ela determina a maior parte de nosso comportamento. A emoção tem classificação média de 6,9/10. O estado de pontos baixos (2 ou menos) é chamado de hipoconectado, e o de pontos altos (8 ou mais), hiperconectado. Vivenciar uma emoção no momento em que ela ocorre e se lembrar dela depois desencadeia as mesmas reações neurais, por exemplo, a liberação de hormônios como a serotonina. A emoção tem significado e é multissensorial; portanto, não pode existir isolada. Anteriormente, você atribuiu pontos de 0 a 10 para "imagine apaixonar-se". Como é essa imagem emocional para você? Sente-se apaixonado ou se lembra de uma época, um momento, um rosto, um som, um beijo, um toque? A emoção atravessa a maioria das fronteiras multissensoriais porque é sobrecarregada. Quando aprender a carregar esse sentido, começará a liberar o potencial da emoção, que servirá de guia e poderá melhorar seu comportamento e seu desempenho.

Como a emoção está atrelada ao significado, você pode pensar no que uma maçã representa e quais sentimentos ela lhe desperta. Em primeiro lugar, por que comer uma maçã? Talvez seja uma opção saudável. Talvez as maçãs façam você se lembrar de algo específico e especial. Classifique de 0 a 10 suas imagens pessoais dos sentimentos que ocorrem quando você come essa fruta.

Imagens multissensoriais

Você classificou, por sentido, sua habilidade para criar imagens cognitivas. Não foram imagens motivacionais porque você não deve ter saído de casa para comprar um pacote de maçãs (se o fez, então *foi* imagem motivacional). Agora, vamos abordar a experiência total com maçãs, tratando cada parte.

Visualize uma maçã. Imagine a cor dela. É regular em toda a superfície? Ela tem caule e folha? Onde a maçã está? Pegue-a e perceba a sensação dela nas mãos. A fruta é macia ou enrugada? Pesada ou leve? Se você a jogar para cima e pegar de novo, pode ouvir o som quando a toca? Aproxime-a do nariz e sinta o cheiro; talvez, nesse momento, até sinta o toque dela sobre o nariz. Se quisesse morder um pedaço, ouviria o som? E como é o gosto quando ela libera os sabores na boca? Você sente que é saudável comer uma maçã?

Agora, após morder um pedaço, você olha para a maçã na mão e nota um bicho meio comido! Faça uma pausa e imagine o que aconteceria em seguida. Classifique a experiência imaginada geral, de 0 a 10.

Quando você envolve todos os sentidos e acrescenta uma experiência hipotética, provavelmente a classificação geral é mais alta que os pontos isolados. Isso ocorre porque está usando uma proporção maior do cérebro para criar conexões entre memória (segurar e comer uma maçã) e fantasia (o que acontece ao perceber que comeu um bicho). Portanto, quando você usa imagens multissensoriais, a experiência hipotética se torna realista.

Se der muita atenção à ideia de comer um bicho no interior da maçã, e se elaborar demais esse pensamento, o resultado poderá ser uma reação emocional (por exemplo, medo, nojo) que desencadeará uma reação física, como náusea. Se ensaiar a elaboração, o resultado poderá ser uma motivação menor para comer maçãs; ou o mais provável: da próxima vez que morder uma maçã, você verificará se há algum bicho dentro dela.

Aperfeiçoe sua habilidade para criar imagens

Você já classificou sua posição na escala de habilidades para criar imagens com cada um dos sentidos. Não se preocupe caso haja deficiências em algumas áreas. É natural ser melhor em imaginar alguns sentidos que outros, faz parte da natureza humana. A outra parte divertida da natureza humana é que você pode aperfeiçoar sua habilidade para criar imagens em qualquer área na qual precise de melhorias. Para cada um dos sentidos, experimente as tarefas esboçadas a seguir que podem ajudá-lo a refinar sua habilidade para imagens. Depois de trabalhar ao menos uma semana nesses exercícios, repita o teste com as escalas. No uso de imagens, você é o pesquisador; então, faça anotações em um diário no decorrer das experiências e veja o que funciona ou não para você. Reflita sobre e assuma o rumo de sua jornada. Ser bom em alguma coisa requer tempo e prática deliberada; por isso, seja paciente enquanto aprende a conquistar essa habilidade.

Aperfeiçoe suas imagens visuais

Lisa, vinte e quatro anos, procurou-nos após ler um artigo sobre *coaching* de imagens. Nosso primeiro passo foi avaliar sua habilidade para criar imagens. Os pontos mostraram que ela tinha hiperosmia e hipergeusia (sensível a cheiros e gostos, respectivamente), mas também hipofantasia, com a classificação 2/10 para imagens visuais. No decorrer das semanas, conhecemos Lisa melhor e a avaliamos de novo, pedindo que imaginasse uma maçã com o olho mental, mas, dessa vez, segundo uma escala revisada: de 0 (Consigo pensar na maçã, mas não vejo uma imagem) a 6 (vívida como o objeto real), usando a ilustração a seguir como referência. O uso de uma representação visual como guia para a escala nos permitiu definir, de modo mais exato, a classificação das imagens de Lisa e, mais importante, gerou uma discussão em torno de sua habilidade com imagens. Quando mudamos a escala de 0 a 10 para 0 a 6, passamos a compreender melhor a grande variação entre as pessoas. A classificação de Lisa foi 1, e ela disse: "É um círculo, não uma imagem clara. Sei como é uma maçã, mas não a vejo".

Também lhe pedimos que imaginasse o rosto e os traços físicos de pessoas que ela conhecia bem, e ela conseguiu, mas não imaginou nada que caísse no campo da fantasia; por exemplo, como determinada pessoa ficaria se usasse uma cartola.

Com o intuito de aprimorar sua habilidade para imagens visuais, desenvolvemos uma tarefa visual chamada "Jogo dos erros", a qual consistia em observar duas fotografias tiradas no mesmo local, geralmente um restaurante, um clube ou uma cafeteria. A primeira foto continha a cena completa, incluindo pessoas em suas atividades típicas. A segunda tinha algo que parecia fora de lugar. Por exemplo, a primeira foto foi a de uma balada, com as pessoas interagindo; a segunda era da mesma balada, mas incluía um indivíduo fantasiado de cenoura: o erro.

O objetivo do Jogo dos erros era que Lisa localizasse ativamente o incomum no meio do comum e se lembrasse, mais tarde, da imagem visual incomum durante nossas conversas. Para ela, essa tarefa foi divertida, à medida que íamos da memória (Lembra-se da pessoa fantasiada de cenoura?) para a fantasia (Consegue imaginar aquela pessoa fantasiada de tomate?). Ela conseguiu criar fantasias visuais em suas atividades diárias. Lisa passou a procurar o incomum no ambiente de trabalho e, a partir daí, acrescentar fantasia à realidade. Chegou até a levar consigo coisas inusitadas e deixá-las em locais onde outras pessoas as veriam e se divertiriam. Certa vez, deixou um Chewbacca* de Lego, em cima de um espelho, no banheiro feminino de um restaurante chique. Além da diversão pessoal, o mais importante dessa atividade era despertar o humor na vida das outras pessoas. O Chewbacca de Lego de Lisa exigiu planejamento cognitivo: ela imaginou ativamente a aparência do personagem fictício e a reação de alguém ao vê-lo: geralmente com risos, espírito lúdico e curiosidade. Quando testamos mais uma vez a habilidade dela para imagens visuais dali a algumas semanas, sua classificação na tarefa da maçã foi 5/6.

Todos nós fazemos fotografias mentais. Tiramos fotos para nos lembrarmos do passado, como nos sentíamos, com quem estávamos e a importância de certos momentos. Fotos tangíveis tiradas por outras pessoas, como cartões-postais de praias ou monumentos, nos permitem expandir a imaginação. Podemos pensar em como seria a imagem se conseguíssemos nos teletransportar para dentro dela. Esse salto para dentro de uma imagem leva poucos segundos, mas tem implicações duradoras para o uso que fazemos da imaginação visual quando começamos a criar fantasia.

Experimente agora. Encontre uma foto de um lugar que você gostaria de visitar e passe alguns segundos elaborando a imagem. Considere o significado disso para você. Por que é importante visitar esse local? Tem algum significado especial? Propósito? Quer ir a esse lugar com outras pessoas?

As fotos – ou imagens fantasiadas observacionais (também conhecidas como fotografias) – são uma boa maneira de você iniciar o

* Personagem coberto de pelos da franquia *Star Wars*. (N. do T.)

aperfeiçoamento de suas imagens visuais. Olhe para uma foto e defina na mente como acha que se sentiria se estivesse no local fotografado. Depois, feche os olhos e imagine estar dentro da imagem, como se olhasse para o fotógrafo enquanto ele tira a foto, e explore o fundo. Mergulhe na experiência antes de passar para a imagem seguinte. Quando ficar fácil observar uma foto e se transportar para aquela cena, afaste a foto e recorde a cena armazenada na memória. Um lugar. Agora, entre nessa imagem lembrada e vivencie-a como se fosse um filme multissensorial.

Pense no Natal ou em outro feriado. Comece por imaginar uma foto desse dia, como um cartão-postal. Veja-se nela, imaginando a decoração, os aromas, os sons, a época do ano, as texturas; talvez até a sensação de se sentar no tapete diante da lareira. Olhe para os pés e perceba a posição de seu corpo no local. Agora, olhe ao redor. Imagine-se andando. Talvez veja alguém e comece a conversar. Imagine o assunto da conversa. Imagine como a pessoa está vestida. Será que usa uma cartola? Está fantasiada de cenoura?

Aperfeiçoe suas imagens auditivas

David, um jovem contador, tinha um "problema de pensar demais", em suas palavras, e se achava "incapaz de controlar o pensamento". Quando sua habilidade para imagens foi medida, ele se esforçou para ouvir sons específicos como "mãos em um aplauso", mas só ouvia seu falatório interno e cantarolava músicas na cabeça, sem parar. Na tentativa de avaliar suas imagens auditivas por meio da música, pedimos a ele que cantarolasse a canção tema de *Star Wars*. Foi fácil para ele. Com nossa avaliação completa, David explicou sua rotina:

> Pouco antes de sair de casa, ponho os fones de ouvido e toco minhas músicas. Exceto às sextas-feiras, quando ouço um *podcast*. Do momento em

que saio até a hora em que chego ao escritório, escuto alguma coisa. Esse tempo entre casa e trabalho leva uma hora e catorze minutos, ou trinta minutos de trem. Enquanto estou no trem, jogo no celular ou entro no Facebook ou no Instagram. Com isso, desligo-me do trabalho. Só que, quando chego em casa, estou esgotado e não consigo parar de pensar. Fico ligado demais em meu pensamento, mas nada em ordem; são as coisas aleatórias que ouço. Para mim, isso é normal. Repito o processo da manhã, pois, quando saio do escritório, ponho os fones de ouvido novamente e ouço música até chegar em casa.

Para ajudar no controle das imagens auditivas, utilizamos a tarefa de Volume Variado. David concordou em experimentar com a maneira e o período em que ouvia música. A tarefa era simples: ele ouvia música como sempre ao sair de casa ou do escritório e, em determinado momento no percurso (geralmente de trem), baixava o volume até silenciar. Claro que não era um silêncio completo por causa do falatório incessante na mente. Mas, para o exercício, David deixava o volume em "mudo" por cerca de cinco minutos, período no qual se concentrava na própria percepção das conversas ao redor, no ruído do trem sobre os trilhos, nas paradas e nos desembarques das pessoas, no som do apito e dos jornais sendo folheados. A cada novo barulho, David dava a si próprio alguns segundos para escutá-lo, até desviar a percepção para o próximo ruído. Dali a alguns minutos, ele aumentava de novo o volume nos fones de ouvido.

Quando testamos David novamente, não nos surpreendemos ao ver que sua classificação nas imagens auditivas foi mais alta. Começou com 2,8/10 e terminou com 6,4, porém esse era um objetivo subsidiário. O objetivo real era ajudar David a controlar o falatório interno. Ele explicou: "Quando eu cumpria a tarefa do volume, o mais estranho foi perceber que estou sempre falando comigo mesmo, mas em volume baixo enquanto escuto música. Com o volume mais baixo nos fones de ouvido, fiquei muito mais sensível a mim mesmo e aos sons externos. Era raro manter o foco nos sons externos. Acho que isso é o mais importante para mim: ser capaz de trocar do interno para o externo. Essa troca me ajudou muito a regular meu pensamento".

Para aperfeiçoar suas imagens auditivas, comece com uma tarefa curta de percepção no meio de uma de suas rotinas diárias, como ir de casa para o trabalho, aulas, academia ou qualquer outra coisa. Durante essas rotinas, escute algo. Comece com música ou um programa no rádio e abaixe o volume devagar, até tirar o som. Agora, preste atenção. A princípio, a sensação será estranha quando você se sintonizar com os sentidos auditivos, permitindo, pouco a pouco, que a audição passe dos sons internos para os externos. De modo geral, após completarem essa tarefa, nossos clientes dizem que podem ouvir seus pensamentos com mais clareza que antes. Isso é normal. Comprometa-se a praticar o Volume Variado por uma semana e depois tente aumentar o período do exercício. Veja o que acontece.

Aperfeiçoe suas imagens olfativas

O ciclista profissional Joel acreditava que a prática de imagens por meio do olfato era impossível. Em uma reunião de nossos clientes em que se falava sobre imagens, ele ficou perplexo e afirmou: "Entendo a questão de imagens visuais, mas acho uma grande baboseira essa história de imagens pelo cheiro". Para os demais membros do grupo, o olfato evocava imagens com facilidade, mas, quanto mais as pessoas discutiam as imagens olfativas, menos Joel acreditava. "Tudo bem", ele disse. "Vocês têm uma semana para me convencer."

Após uma reunião rápida, na qual examinamos a rotina de Joel e medimos sua habilidade para imagens, ficou claro que o café tinha papel de vital importância em seus hábitos diários; contudo, não o cheiro do café (classificado como 0/10). Joel começava o dia com um café e, depois do treino, outro. Era seu jeito de "acordar" e de "se desligar" (e, sim, ele enxergava a ironia disso).

A tarefa do Café Calmo é um método hierárquico de associar um aroma a outros sentidos e pode ser aprendido com relativa rapidez. Tem esse nome porque Joel se sentia calmo após o primeiro gole. Para ele, beber café era relaxante e "me acalma antes e depois de um dia agitado com treinos e competições".

Para essa tarefa, Joel pôs grãos de café em um pote e os deixou ali até a manhã seguinte. Então, de manhã, abriu o pote, cheirou os grãos, examinou a aparência deles com atenção e se ancorou ao sentir os pés no chão, a temperatura ambiente e as próprias emoções. Fez isso por cerca de trinta segundos antes de fechar o pote para bloquear o aroma dos grãos.

Na sequência, Joel levou o pote de grãos na mochila ao velódromo onde treinava. Após o treino, encontrou-se com Jonathan e lhe entregou o pote. Antes de abri-lo, Jonathan pediu a Joel que reproduzisse as cenas imaginadas na manhã. "Antes de fazer isso", Joel começou, "já digo que não consigo imaginar nada com cheiros. Não rola." Enfrentando a resistência de Joel, Jonathan disse: "Talvez não consiga mesmo usar o olfato para imaginar coisa nenhuma. Mas só queremos descobrir *se* é possível e, nesse caso, como".

Joel relatou a rotina daquela manhã: "Abri o pote e cheirei os grãos".

"Como era o cheiro?", Jonathan perguntou.

"Muito forte, mas não consigo imaginá-lo."

"Não precisamos de um cheiro perfeito. Basta você ter uma mudança pequena enquanto procura o aroma na mente. O cheiro dos grãos pode desencadear outros sentidos."

"Nesse caso...", Joel fez uma pausa. "Deixe-me pensar. É um cheiro amargo. Muito, muito sutil."

Jonathan abriu o pote e perguntou a Joel: "O cheiro que você está imaginando é semelhante a esse?".

Na manhã seguinte, Joel cumpriu a mesma tarefa, mas antes de abrir o pote tentou imaginar o aroma. À tarde, encontrou-se com Jonathan de novo. Dessa vez, Jonathan pediu que ele visualizasse primeiro os grãos oleosos e depois imaginasse o cheiro. Em seguida, eles abriram o pote, cheiraram o conteúdo algumas vezes e repetiram o exercício de ancoragem. No fim daquele *workshop*, Jonathan tirou algumas fotos do pote e dos grãos de café. Tinha um plano.

Aperfeiçoar a habilidade para criar imagens olfativas é um processo incremental. Deve começar com o odor e, depois, acrescentar uma conexão visual e algum tipo de ancoragem, talvez com o tato e o paladar. No quarto dia, Jonathan pediu a Joel que deixasse o pote na mochila. Dessa vez, havia no celular de Joel uma foto com o pote fechado.

"Dê uma olhada nessa imagem", pediu Jonathan. "Agora, imagine que você está chacoalhando o pote. Imagine o peso e a cor dele. Imagine que tira a tampa e cheira os grãos lá dentro." Silêncio. "E aí?", insistiu Jonathan. Joel estava com os olhos fechados.

"Grãos opacos", Joel disse, por fim. "Lembrei-me de estar na cozinha, e é um aroma fortíssimo que me faz recordar de ter feito isso hoje de manhã." Finalmente, convencera-se.

Agora é a sua vez. Procure um odor perceptível, forte e prazeroso. Pode ser de café, de flores, de pinho ou até de um livro novo. Após identificar uma fragrância evocativa, complete os passos como Joel fez. Primeiro, descubra como está seu estado de espírito e pense no ambiente à sua volta, antes de introduzir o cheiro. Relaxe e escolha para o exercício um ambiente que lhe seja familiar. Talvez possa guardar a fonte do aroma em um pote. Em seguida, inspire o aroma profundamente, como faz ao abrir um frasco de xampu. Deixe a fragrância se espalhar e aprecie-a por alguns segundos. O que vê? O que está fazendo? Há algum som? O objetivo, com o passar do tempo, é replicar o cheiro da fonte (por exemplo, xampu ou café) com uma fotografia gravada na mente.

A reação visceral a um estímulo olfativo costuma ter relação com o efeito Proust, proposto por Marcel Proust em 1913. Ele escreveu sobre o gosto de um bolo embebido em chá que o transportara de volta à infância. O cheiro (assim como o gosto) funciona como âncora para uma lembrança do passado e cria uma imagem vívida que faz a pessoa se lembrar de um local, de uma época, de uma experiência e de uma emoção. Sua tarefa é encontrar uma fragrância significativa que desencadeie emoções fortes. Assim como o bolo de Proust, deve ser extremamente pessoal e incomum; portanto, essa tarefa pode ser mais complexa que as outras.

Aperfeiçoe suas imagens gustativas

Também relacionado ao efeito Proust, o paladar pode ser um meio poderoso de evocar pensamentos de experiências autobiográficas, as quais, por sua vez, costumam ser associadas às emoções.

Karl, um artista de trinta e oito anos, tentara várias vezes parar de fumar. Nada funcionou até o dia em que começou a usar imagens para contrastar a experiência de comer um morango sem um cigarro e comê-lo após fumar um. Sem o cigarro, ele inalava e sentia o cheiro do morango, além do gosto doce da fruta. Isso lhe trazia à memória cenas queridas da infância. Depois de um cigarro, o morango tinha gosto de cinza e deixava um resíduo pegajoso na língua. Sempre que tinha o desejo obsessivo de fumar, Karl recorria a essa imagem. Enquanto escrevemos este livro, sabemos que ele não fuma há quatro anos.

Você pode fazer o mesmo se imaginar um gosto saudável que deseja intensamente, talvez de alguma fruta madura. Quando perceber que anseia por algo insalubre, substitua por uma imagem de outra coisa que você quer, *porém saudável*. Mergulhe em todos os sentidos e passe algum tempo elaborando os detalhes.

Mais uma vez, com o uso do efeito Proust, como você fez ao aperfeiçoar suas imagens olfativas após selecionar um gosto evocativo para ser imaginado, siga todos os passos. Primeiro, reconheça seu estado de espírito e o ambiente ao redor antes de vivenciar o sabor da opção saudável. Dê atenção ao estímulo: talvez tenha entre os dedos uma uva. Tente prever o gosto antes de colocá-la na boca. Quando a provar, reconheça os sabores antes de a sensação crescer, atingir um pico e desaparecer devagar. Em seguida, com outra uva nos dedos, você consegue imaginar o sabor sem colocá-la na boca? Se visse uma foto de uma uva, poderia ter a mesma experiência gustativa?

Aperfeiçoe suas imagens táteis

Quanto mais distinto e descritível for o toque imaginado, mais alta será sua classificação da imagem tátil. Por exemplo, imaginar-se esfregando a mão na casca de uma árvore pode ser fácil para quem trabalha com árvores porque é uma sensação familiar, mas difícil para pessoas que trabalham em escritório e não têm muito contato com a natureza. A imagem tátil pode ser isolada quando percebemos o toque em superfícies macias ou ásperas, mas envolve mais que textura, pois há movimento e temperatura, os quais, por sua vez, costumam ativar e fortalecer outros sentidos, como o olfato.

Em nosso trabalho com imagens táteis, costumamos usar a imagem guiada de entrar em uma piscina e, sempre que possível, envolvemos os outros sentidos. Lembre-se de uma ocasião em que você ficou de pé à beira de uma piscina. Por alguns segundos, concentre-se na textura do chão. Talvez seja áspero como lixa. Mexa os pés bem na beirada. Parado ali, perceba a temperatura da superfície sob os pés, ou até a da brisa que sopra ao redor. Olhe para baixo, através da água cristalina, e veja o fundo da piscina. Se quiser, teste a temperatura da água com a ponta do pé. Está morna. Você pensa em entrar nela. O que acontece em seguida?

Procure algo que tenha textura específica e passe alguns segundos tocando esse objeto enquanto percebe a sensação que se espalha pelo corpo inteiro. Por exemplo, experimente tocar a casca de uma árvore, com uma sensação semelhante. Note a consistência na textura, a temperatura e o fluxo do movimento quando a mão faz o contato. Absorva-se nas sensações por alguns segundos e, depois, pare. Em seguida, lembre-se da experiência enquanto estiver recente na memória e *imagine-a* na mesma velocidade na vida real. Mais tarde, imagine repetir a experiência como se acontecesse amanhã de novo. Isso lhe permitirá ativar a fantasia tátil com base na realidade de hoje.

Aperfeiçoe suas imagens vestibulares

Algumas das tarefas anteriores englobam imagem vestibular, como imaginar os pés na beirada de uma piscina, colocar um Chewbacca de Lego em cima de um espelho ou ver a própria mão em contato com uma árvore. Quando treinamos imagens vestibulares, gravitamos em direção às imagens visuais (por exemplo, o movimento de um braço ou de uma perna no espaço), mas, se sua classificação foi baixa com imagem visual, você precisaria de outra opção.

Uma estudante de medicina de dezenove anos, Ellie, relatou classificações baixas em imagens visuais e vestibulares. Queria focar na imagem vestibular; por isso, começamos com a tarefa costumeira de imaginar movimento. Nesse caso, pedimos a ela que imaginasse uma bola de tênis na mão; depois, ela deveria jogá-la para o alto e pegá-la. No início, Ellie não conseguia imaginar a atividade. Então nós lhe demos uma bola de tênis amarela para praticar: jogá-la para cima, observar o percurso e senti-la cair de volta na palma da mão. No passo seguinte, Ellie a jogou de fato e depois imaginou outros arremessos, preparando a imagem logo após pegá-la.

Apesar de ser uma tarefa muito simples, um formato semelhante é usado no esporte profissional. A tarefa treinou os olhos e as mãos de Ellie para vivenciar a localidade de um objeto em relação ao seu corpo. Existem vários programas de computador para treinar o olho. Eles oferecem treinamento vestibular (por exemplo, NeuroTracker) e máquinas com base em plataforma, como uma prancha de surfe portátil, que treinam propriocepção (por exemplo, Huber 360). Esses métodos de treinamento aumentam a percepção que uma pessoa tem do próprio corpo no espaço. Entretanto, você pode obter resultados semelhantes com o exercício simples da bola de tênis, sem ter de investir valores exorbitantes em equipamento.

A tarefa seguinte, porém, é um pouco mais difícil.

Como trabalhamos principalmente na arena do desempenho aplicado, treinamos imagens vestibulares por meio de exercícios de percepção. A tarefa da bola de tênis fornece a base, preparando os olhos e o corpo. Sugerimos a Ellie que ficasse com os olhos abertos, mas sem olhar para a bola em nenhum momento. Ela deveria lidar com a bola como se fosse transparente. Fixou o olhar, então, em algum ponto distante e iniciou a tarefa, jogando a bola para cima, sem olhá-la diretamente. Esse exercício a treinou a perceber o percurso da bola. (Nota: não pedimos aos clientes que fechem os olhos, pois é contraproducente.)

Não importa se sua classificação é baixa ou alta para as habilidades com imagens vestibulares e visuais. A tarefa da bola de tênis é uma das melhores para desenvolver a capacidade perceptiva de rastrear objetos e melhorar a habilidade do corpo para agir de acordo com o que os olhos veem. Comece com um movimento imaginado mínimo (talvez uma virada leve do braço antes de jogar a bola para cima) e depois visualize a habilidade inteira. Claro que a prática somada à imaginação aumenta muito os benefícios; portanto, quando possível, execute o movimento antes e depois de ativar as imagens.

Aperfeiçoe suas imagens emocionais

Um cliente nosso, o CEO Jamie Rosenberg, nos deu uma superaula de imagens emocionais. A classificação de Jamie foi acima da média para imagens visuais e emocionais e média para os demais sentidos. Nós o sondamos para descobrir como conseguia ter pontos tão altos. Veja o que ele nos revelou:

> Tenho o hábito de meditar. Concentro-me em mim mesmo e no controle de minha mente. Também penso muito nos outros. Sou muito grato pelas oportunidades que tive e às pessoas que confiaram em mim com seu dinamismo. Expandi minha empresa graças à confiança; realmente ela funciona nos dois sentidos. Uma coisa que funciona muito bem é a chamada semanal de gratidão que faço com a equipe. Reunimo-nos por vídeo, e cada pessoa fala de seu sentimento de gratidão. Qualquer coisa vale. Um membro da equipe pode ser grato porque compartilharam com ele algum recurso que o ajudou em um projeto; outro, por poder passar os fins de semana com a família e os amigos ou apenas por estar ali na reunião e compartilhar seus sentimentos. A chamada semanal de gratidão é um encontro de empregados que querem compartilhar ideias e sentir que recebem atenção. Não se trata de uma tarefa semanal, mas, sim, de um modo de construirmos uma cultura. É um momento que todos aguardam, entusiasmados; as pessoas ficam curiosas e pensam no que gostariam de compartilhar com o grupo.

Seria ótimo se todos nós tivéssemos uma reunião semanal de gratidão como a de Jamie e sua equipe. (Talvez possamos ter.) Se você participasse de uma agora (ou mais adiante, nesta semana), quem convidaria e onde realizaria o encontro? Pelo que você expressaria gratidão? O que diria? Como se sentiria ao compartilhar? Como acha que os outros reagiriam? O que sentiria se alguém lhe agradecesse por seu apoio?

Para a maioria das pessoas, uma imagem emocional ativa os outros sentidos. Por exemplo, sentir-se "animado" sozinho é difícil, mas fica mais fácil se você sabe que vai ao aeroporto buscar uma pessoa de quem sentia saudade: imagine o abraço, o sorriso, as conversas. Como sempre, quanto mais vívidas as imagens utilizadas no seu exercício, melhor o resultado.

Embora avaliemos as imagens emocionais por meio de uma série simples de perguntas, às vezes precisamos vivenciá-las e elaborá-las, pois essas imagens têm propósito e significado. Isso ocorre porque formam uma ponte sobre o abismo entre as tarefas cognitivas, como visualização de objetos ou do cheiro de grãos de café, e as imagens motivacionais, que inspiram o esforço que você dedica aos objetivos de sua vida.

Problemas com imagens

Desde a antiga pesquisa de Galton com imagens, vêm surgindo evidências de uma condição chamada "afantasia", a inabilidade para criar imagens visuais. Mais de cem anos depois, esse fenômeno é pesquisado hoje com o uso de escaneamento do cérebro, conduzido em pessoas que antes tinham fortes imagens visuais, mas acabaram perdendo a capacidade de "ver" mentalmente.[9] Para uma pequeníssima minoria, o treinamento com imagens visuais pode não funcionar. Então, essa é nossa mensagem para essa minoria: nem tudo está perdido, pois vocês provavelmente já encontraram um jeito de ser criativos por meio da experimentação.

Certa vez, fomos *coaches* de um visualizador de dados (indivíduo que produz infográficos e gráficos para representar visualmente grandes conjuntos de dados) que não tinha habilidade nenhuma para imagens visuais. Ele contava mais com o método de tentativa e erro que com planejamento antecipado com uma imagem na cabeça para representar os dados. Experimentava diferentes cores, tipos de gráfico e fonte, até encontrar o visual que queria para seus dados. De modo semelhante, alguns dos melhores cientistas, líderes mundiais, artistas, músicos, advogados, médicos e psicólogos (como Oliver Sacks, que escreveu livros sobre a imaginação) tiveram ou têm afantasia. Quando uma pessoa sofre a perda de imagem visual, outros sentidos na imaginação tendem a encontrar uma maneira de compensar o sentido perdido. Por exemplo, uma garota, nossa cliente, sentia "o gosto" do sorvete de baunilha quando lhe pedíamos que visualizasse uma praia, mas não conseguia "ver" a praia. Essa mistura dos sentidos, conhecida como sinestesia, é uma característica de Lady Gaga, Kanye West e Pharrell Williams, que veem cores (e sentem o gosto) quando ouvem notas musicais. Cada pessoa é diferente, por isso a abordagem individualizada é sempre a melhor.

Alguns fatores limitam a habilidade para criar imagens em geral; por exemplo, transtornos baseados em atenção. Em particular, cinquenta por cento dos indivíduos diagnosticados com transtorno do déficit de atenção com hiperatividade (TDAH) têm deficiência nessa habilidade.[10] Tal problema não é necessariamente causado por "desatenção", mas, sim, pelo modo como as pessoas com esse transtorno processam informações.

Também associada à atenção e ao processamento, a qualidade do sono é importante para a habilidade com imagens. Se você dorme (e cochila) bem, consegue criar imagens mais detalhadas porque tem melhor acesso à memória que se sofresse de privação do sono.[11] Danos no cérebro impactam a habilidade de uma pessoa para criar novas imagens na cabeça e recorrer às que ficariam na memória.[12] A habilidade com imagens pode ser aperfeiçoada após um dano cerebral? Sim, mas é um processo lento e, em alguns casos, infelizmente, não é possível. O uso excessivo de álcool, o quarto fator, pode prejudicar igualmente a habilidade para criar imagens. O consumo compulsivo de bebidas alcoólicas reduz a ativação do córtex pré-frontal, o que dificulta o acesso às informações e a produção de imagens.[13] Moderação (como sempre) é a chave do sucesso.

BEM, AÍ ESTÁ: UMA CAIXA DE FERRAMENTAS que você pode usar para o aperfeiçoamento de todas as suas imagens sensoriais. Antes de refinar as imagens ativas baseadas em emoção, recomendamos que você comece o treinamento das imagens cognitivas com uma ou duas das tarefas aqui apresentadas, com base na escala de classificação das imagens.

A melhor prática é manter um diário de imagens para documentar e acompanhar seu progresso. Experimente as tarefas e veja o que funciona melhor para você, à medida que elabora, de forma deliberada, detalhes específicos da imaginação. O aperfeiçoamento de suas habilidades para criar imagens cognitivas o preparará para elaborar detalhes multissensoriais quando nos aprofundarmos nas imagens motivacionais, ou seja, quando associarmos imagens com seu sentido de propósito e importância. Isso lhe dará a melhor oportunidade possível de se colocar no lado certo do Ponto de Escolha e realizar o que antes era apenas um sonho.

CAPÍTULO 5

Imagens Holísticas

Se você nada visa, nada alcança.
- ZIN ZIGLAR

Cena um: imagine que você está sozinho na escuridão dos lúgubres pântanos ingleses. A temperatura está abaixo de zero. Você não tem lanterna nem farolete, porque esses objetos foram proibidos. Acha que está na metade do caminho dessa paisagem de pesadelo, de uma subida de quase treze quilômetros. Sente fome e dor. Tem medo de pisar em alguma víbora adormecida, em um dos milhões de turfas ao redor, que os habitantes locais chamam de "cabeça de bebê", por causa do tamanho. Mesmo uma dessas turfas sem cobras pode acabar com o tornozelo se o seu pé ficar preso nela.

Uma voz grita: "Você nunca será nada! Admita: nasceu para perder! E os perdedores vão para casa agora". Pode ser a voz interior, mas também está fora de sua cabeça, e, sem dúvida, vem de algum ponto em meio à escuridão. "Há uma van aqui perto", a voz comunica. "Pare de correr e pegue a van, pois lá dentro é seguro e aquecido." O corpo inteiro dói. *Isso é insano*, você pensa. *Vou morrer sozinho aqui ou ficar debilitado pelo resto da vida*. A dor nas pernas é terrível. Mas você segue em frente, decidido e obstinado. Quando termina o percurso, vê que conseguiu. Sim, conseguiu! E cai. Pega a água. Segura as lágrimas. De repente, a mesma voz na escuridão diz: "Agora corra de volta".

O quê? Mais treze quilômetros? Não, não, você disse treze, não vinte e seis!

Você não aguenta mais. Caminha em direção à van como um zumbi, enquanto observa os outros darem a volta. No assento confortável do veículo, você desaba. Alguém lhe dá uma xícara de café fumegante. O aroma é bom. O calor da porcelana é reconfortante. Você sorve um gole, e o líquido quente desce pela garganta e o aquece por dentro. Você se regozija nessa sensação, até perceber o que fez.

Desistiu!

Quando a van começa a partir, você se sente mal. Ela percorre quase dois quilômetros até o posto na fronteira, pequeno e mal iluminado. É o fim da corrida. Era apenas um teste, e você não passou. Os outros chegam, cientes de que não precisam correr de volta pelo restante do caminho. Um se sente mal e começa a chorar, mas as lágrimas logo cessam; ele e um amigo, que tinha um largo sorriso no rosto, batem os punhos em apoio mútuo. Cada um deles recebe uma xícara de café quente e entra na van, um por vez. Dão tapinhas em seu ombro. Esse é o fim do teste seletivo. Você será despachado para outra unidade dali a quarenta e oito horas. O choque e a vergonha o abalam... Se ao menos tivesse persistido.

Cena dois: imagine que você está sozinho na escuridão dos lúgubres pântanos ingleses. A temperatura está abaixo de zero. Você não tem lanterna nem farolete, porque esses objetos foram proibidos. Acha que está na metade do caminho dessa paisagem de pesadelo, de uma subida de quase treze quilômetros. Sente fome e dor. Mas, em vez de se concentrar na dor e no medo, pensa na família. Em seu tio John, que foi seu modelo. Você vê o rosto dele. Lembra-se da música favorita dele. Começa a cantarolá-la. Olha com atenção por onde anda, ciente de que pode pisar em alguma víbora adormecida, em um dos milhões de turfas ao redor, que os habitantes locais chamam de "cabeça de bebê", por causa do tamanho.

Uma voz grita: "Você nunca será nada! Admita: nasceu para perder! E os perdedores vão para casa agora". Você a ignora e começa a cantar ainda mais alto. Pensa em como será bom quando se tornar soldado e contar à família. "Consegui!" Verá os entes queridos ao redor, celebrando e sorrindo, orgulhosos de você e de sua conquista.

"Há uma van aqui perto", comunica a voz. "Pare de correr. Pegue a van, pois lá dentro é seguro e aquecido." Você continua a entoar a canção. O corpo inteiro dói. A dor é mais forte nas pernas. Você diz a si mesmo que ela é temporária. Vem e vai. E, de repente, começa a pensar em sua praia favorita no verão – o brilho do sol, a areia quente e branca em volta do corpo.

Chegou ao fim do décimo terceiro quilômetro. Conseguiu! E você cai. Bebe um pouco de água. Segura as lágrimas. Mas a mesma voz no meio da escuridão diz: "Agora corra de volta".

O quê?, você pensa. *Mais treze quilômetros?* De repente, porém, dá um riso de deboche. *Sabia que viria alguma coisa doida assim*. Sorri e diz a si mesmo: *Não é à toa que isso não serve para qualquer soldado*. Vê outro cadete. Ele anda até a van como um zumbi.

Você pensa: *Estou bem. As pessoas passam por coisas piores. Até que estou indo bem*. E prossegue, lutando até o último passo, como seu tio. Sua história e a dele são as que você vai contar aos seus filhos, um dia. Olha para cima e contempla as estrelas. São lindas. Pensa na importância desse treino para você e tem uma visão do futuro.

A distância, vê um posto mal iluminado. A van está ali. O sargento lhe diz que aquele é o fim da jornada. Você conseguiu! O rapaz ao lado passa mal e enxuga uma lágrima. Talvez seja suor. Ele e você batem os punhos, em apoio mútuo. Embora seus familiares estejam a centenas de quilômetros de distância, você vê mentalmente o rosto de cada um deles. Lembrar-se deles foi o que o manteve firme. Você está cansado. Muito cansado. Cansado demais para se mover. Alguém lhe dá uma xícara de café quente. Primeiro, você a leva até as narinas e sente o aroma. A xícara aquece as mãos. Você toma um gole. Nunca provou um café tão gostoso. Regozija-se na quentura e, por fim, entra na van, dando um tapa no ombro de um rapaz que desistiu antes. Você pensa: *Se ao menos ele tivesse aguentado mais alguns minutos.*

A vontade de desistir fica para trás

Essas duas cenas se baseiam nas experiências reais de cadetes do programa de treinamento para soldado do Exército Britânico.[1] Sim, são extremas. É muito provável que você jamais passe por tamanho estresse físico, sob a pressão de alguém berrando que deve desistir. Fora essa situação extrema, quantas vezes optamos pela van quentinha e confortável? Quantas vezes desistimos quando a situação se complica ou algo inesperado acontece? Você dá atenção à voz incômoda? Ou se distrai com imagens de pessoas queridas ou com qualquer outra motivação que afaste a dor?

Já lhe dissemos como as imagens funcionam em nível técnico. Você avaliou sua habilidade para criar imagens e, esperamos, refinou-a nas áreas em que ela não era muito forte. Agora vamos aplicar seus poderes de criar imagens. Você vai aprender a usar imagens para se manter motivado e superar o momento em que quer desistir, de modo que possa permanecer firme no caminho da meta desejada.

O soldado da cena um que desistiu não recebeu o treinamento FIT. Jonathan o entrevistou depois para saber qual era seu Ponto de Escolha específico. O soldado relatou que não tinha nenhuma técnica para administrar os próprios pensamentos e poder controlar o motim mental e disse que, se pudesse voltar no tempo, "mudaria o pensamento súbito que resultou em minha desistência". O soldado da cena dois persistiu até se tornar comando e explicou que "o FIT formalizou meu pensamento deliberado de acordo com a profundidade da atenção que eu dava aos meus 'porquês' e me ajudou a enfrentar as ondas de dor". Hoje ele serve na Noruega.

Como você sabe agora, as metas são motivadas por propósito, importância e ação. Imagens holísticas, a combinação das imagens cognitivas e motivacionais, incrementam sua capacidade de persistir nas metas. Com o uso do FIT (e das Imagens em Equipe, explicadas na Parte III), o Exército Britânico aumentou em quarenta e quatro por cento a realização de metas por parte dos soldados. Nas amostras não militares, vemos aproximadamente cinco vezes mais pessoas alcançarem suas metas quando usam imagens.

Em nosso trabalho com militares, atletas olímpicos, executivos, pessoas que querem perder peso e outras que desejam alcançar uma meta, atemo-nos ao mesmo processo de explorar primeiro valores, depois crenças, atitudes, cognições e, por fim, comportamentos. A sequência importa. A Parte I deste livro focou basicamente em seus valores, suas crenças, suas atitudes e suas metas. Na Parte II, exploraremos sua habilidade cognitiva por meio de imagens, a qual é a maneira como você interpreta o mundo ao redor, com base na memória, no *feedback* imediato do que faz no momento e nas futuras percepções e planos. Seu modo de usar a habilidade cognitiva importa, pois ele é a chave para você ser consciencioso, compassivo e orientado por metas.

Em 2011, Jonathan conheceu três atletas de doze anos. Eles frequentavam a mesma escola e o mesmo clube esportivo e tinham como treinador o mesmo indivíduo. Na época, Jonathan trabalhava como *coach* de desempenho para atletas que se preparavam para os Jogos Olímpicos e, entre as sessões com adultos, ajudava a divisão juvenil. As três jovens atletas eram semelhantes em habilidade, físico, inteligência e motivação. Estudavam juntas, treinavam juntas, costumavam comer juntas e competir juntas. As três garotas não eram apenas boas em esgrima, seu esporte: eram excelentes. Em quatro anos, cada uma venceu um campeonato júnior por vez, até que, de repente, aos dezesseis anos, uma delas começou a superar as outras duas. Jonathan queria descobrir por quê.

Em 2015, ele entrevistou as três atletas a fim de determinar qual era a diferença entre elas, uma vez que tinham valores, crenças e atitudes semelhantes. O que as meninas contaram a Jonathan serviu para ele fundamentar a pesquisa nos anos subsequentes. Ele já trabalhou com trezentos e vinte e nove atletas em nove esportes, incluindo onze medalhistas olímpicos.[2] Também trabalhou com centenas de soldados e alguns CEOs, todos ajudando a modelar o formato do FIT utilizado por Jonathan, o qual será o modelo de criação de imagens do leitor daqui em diante.

A sequência de imagens

O modelo FIT que usamos ensina e explica o processo de fundir metas com a prática formal de criar imagens. Funciona da seguinte maneira: os círculos no diagrama a seguir são divididos em quatro fases de imagens (A-D), os quais se associam ao seu atual propósito, significado (importância) e ação (1-3). Ao passar pelas fases A-D pela primeira vez, dedique algum tempo para elaborar detalhes e refletir sobre seu propósito, seu significado e sua ação. Embora o modelo de imagens seja descendente, as setas dentro dos círculos indicam que, ao usar as imagens, talvez você queira ascender. A seta a partir do círculo 3, Ação, resulta no que chamamos de sinal comportamental, que é uma ação ou uma palavra, quase como uma marca, que você desenvolverá com base em suas preferências pessoais. O objetivo aqui é alongar seu Ponto de Escolha e intervir nos pensamentos invasivos antes que eles dominem e afetem suas ações. O sinal reforçará o processo de imagens enquanto levará a uma sequência nova chamada LAP (linha pontilhada). LAP significa *Localize seu sinal, Ative suas imagens, Persevere na tarefa*. É assim que você usa as imagens para ativar a determinação de se manter motivado e seguir em frente, mesmo em meio a dificuldades. Explicaremos como cada parte funciona em quatro fases.

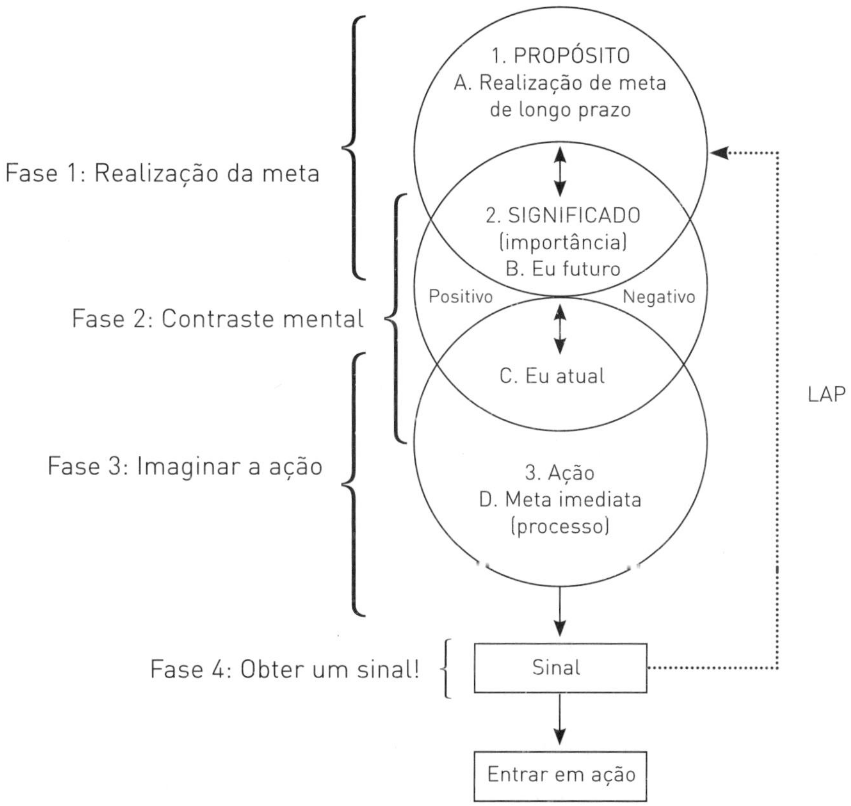

Nas entrevistas com as três esgrimistas, Jonathan percebeu que a diferença entre elas não era o modo como estabeleciam metas. Todas queriam ser olímpicas e sabiam que seus atos inspirariam outras jovens; estavam cientes do grande esforço necessário e da importância para elas; e todas sabiam que precisavam de alvos pequenos no caminho até a meta. As diferenças entre as garotas e os fatores que, como vimos, influenciam o sucesso de metas desafiadoras tinham natureza tripla.

O primeiro ponto importante é a quantidade de detalhes que você aplica às imagens multissensoriais usadas quando pensa na meta. Quanto mais detalhes incluir por meio da elaboração, maior será a motivação para alcançar aquela meta e mais rápida será a chegada ao Rubicão. Em segundo lugar, se a meta for grande, precisa ser fragmentada em metas desafiadoras menores (isto é, metas mais difíceis e não simplesmente alcançáveis) e em contraste mental com seu estado presente. É com esse contraste mental que você compara os esforços atuais (o você atual) com os esforços futuros, quando realizar a meta (um você futuro). Pergunte a si mesmo: "Minha meta futura é alcançável e realista, com base em meus comportamentos atuais, e vale o esforço?". Em terceiro lugar, você deve criar sinais, lembretes de seu propósito e da importância de sua meta. Os sinais são pessoais. Um sinal pode ser um cartaz de um local para as férias afixado na porta da geladeira, um protetor de tela de pessoas queridas; enfim, qualquer coisa que ative a conexão mental que você tem com a meta.

Passemos pelo modelo de imagens, um círculo por vez, com um exemplo hipotético.

Faça de conta que sua meta é sair de férias com a família e os amigos ainda este ano. Uma viagem de férias é uma oportunidade de todos se divertirem, relaxarem e se sentirem presentes. As férias lhe permitem personalizar seus valores: família, diversão e equilíbrio.

O uso de imagens no círculo 1, Propósito, lhe permitirá explorar perguntas gerais como:

Para onde iremos?
Como estará o clima?
Quem vai conosco?

E outras mais específicas:

O que vamos fazer?
Consigo imaginar todos realizando a mesma atividade (sons, gosto, toque, aroma etc.)?
Por que uma viagem de férias é importante para minha família e meus amigos?
Como essa viagem lhes traz alegria e como faz cada um se sentir?
Como essa viagem dá equilíbrio à minha família e aos meus amigos?

O primeiro círculo é onde você começa a usar imagens para vivenciar a meta, pois experimenta múltiplos sentidos enquanto acresce propósito. Seu propósito desencadeia emoção em torno da meta e, assim, estimula a motivação. Se estiver motivado com sua meta, você provavelmente compartilhará a ideia com outros: "Ei! Gostaria de passar as férias nas ilhas Fiji comigo?". Entretanto, antes de compartilhar a meta com outras pessoas, recomendamos que você a analise sozinho, por meio do uso de imagens, imaginando como seria a conversa.

O círculo 2, Significado, contém suas razões pessoais: por que essa meta é importante para você. Imagens com base em significado possibilitam a comparação e o contraste entre você hoje e no futuro. Permite explorar um pouco mais como seria a vida se você não realizasse a meta ou como será se a alcançar.

A maioria das pessoas que planeja uma viagem de férias começa elaborando um plano de viagem e imaginando o itinerário. Nesse caso, você começaria a planejar o que seria necessário para uma viagem às ilhas Fiji: voos, datas, custos, acomodação, excursões e comentários de quem já esteve lá. Essa fase de exploração não só é animadora e entusiasmante, mas também ajuda a determinar alvos. O custo será tal, sairemos nesse dia e ficaremos naquele hotel – coisas desse tipo.

Em termos de imagens, porém, sempre focamos na possibilidade negativa *antes*, pois deve terminar com um sentimento de decepção.

Você pode se perguntar: "E se não tivermos dinheiro suficiente? E se não conseguirmos sair nesse dia, não pudermos nos hospedar naquele hotel e não houver nenhuma excursão? E agora? Como fica?".

Como a possibilidade de *não* viajar nas férias impacta seu bem-estar e a diversão que esperava ter? Você sente uma grande decepção?

Em seguida, contraste o resultado negativo com o positivo. O fato de ter olhado o negativo antes amplifica sua motivação e aumenta a probabilidade de você realizar sua meta, porque ninguém quer se sentir decepcionado. Você focará no que deve fazer entre o momento atual e aquele em que a meta será alcançada, e assim o sucesso será mais realista. Pode dizer, por exemplo:

Preciso economizar X em dinheiro e posso fazer isso se...

Devo reservar o voo X, o hotel Y e o dia para mergulho com os tubarões.

Posso imaginar sair na data que desejo, ficar no hotel de minha preferência e mergulhar com os tubarões.

Posso imaginar uma caminhada na praia ao pôr do sol, conversas prazerosas à noite em volta de uma fogueira e a sensação de acalento e bem-estar na companhia de minha família e dos meus amigos.

É possível que você chegue a um ponto nesse processo em que pensará: "Vale a pena tanto esforço e sacrifício para alcançar essa meta?". Essa conversa interna, seu diálogo interior, é um modo de refinar as metas e estabelecer alvos desafiadores, porém realistas. É também o momento em que você faz concessões (talvez o mergulho com tubarões seja muito caro, afinal, mas é possível mergulhar em outras condições). Esse refinamento possibilita dirigir a motivação para uma meta mais realista. Em outras palavras, você define alvos e começa a se empenhar em direção à meta de seu compromisso – ou não, se decidir que um elemento dela antes atraente (motivação) não merece o esforço extra (compromisso). As pessoas que se apegam às metas se empenham, de forma sistemática, em atingir alvos pequenos e se esforçam, de corpo e alma, para fazer com que cada dia seja importante.

O círculo final, Ação, usa sua imaginação para planejar como seu eu atual (você hoje) pode praticar uma ação imediata com o intuito de alcançar a meta. Talvez você resolva levar almoço de casa para o trabalho na tentativa de economizar nas despesas com restaurante ou marcar na agenda do celular que deve transferir dinheiro para a poupança nos dias de pagamento, pois assim economizará para a viagem às ilhas Fiji.

É essencial você *imaginar* essa ação imediata antes de colocá-la em prática. Imagine que pega o celular (sinta a cor, o peso, a textura e a temperatura), desbloqueia a tela (experimente a sensação dos dedos ao digitar "viagem Fiji") e a trava de novo após digitar. Qual é a emoção, o significado e o propósito aqui?

Para que cada dia seja importante, os sinais precisam ser estabelecidos, porque funcionam como lembretes do propósito e da importância de sua meta. Se você almeja ir às ilhas Fiji, pode imprimir uma foto e colá-la na porta da geladeira (o sinal) como lembrete da meta, assim como pode deixar uma foto de uma família feliz na tela do celular (outro sinal) para se lembrar da importância da meta. Cada sinal funciona como um *loop* que direciona a atenção de volta aos círculos. Ativa as imagens e permite que você se conecte com seu propósito, seu significado e, por fim, a ação, todos os quais o ajudam a perseverar enquanto se lembra, várias vezes, de seu compromisso.

Sua vez

Fase 1: realização da meta

Para experimentar como funcionam as imagens, comece por focar novamente em sua meta de longo prazo.

A fase 1 é conhecida como uma abordagem positivista: estamos conectando sua meta fantasiada a uma realidade familiar mais próxima. No fim desta seção, você sentirá que acabou de tocar na meta, pois terá ativado áreas no cérebro que se assemelham àquelas que seriam de fato ativadas se já tivesse alcançado a meta. Isso pode ser motivador e energizante se você praticar todos os dias (ou, pelo menos, em dias alternados). No entanto, se entrar demais no modo imagens na fase 1 (isto é, várias vezes por dia), o processo poderá se tornar cansativo. Portanto, embora comecemos com mais tempo na fase 1, à medida que avançamos pela sequência de imagens diminuímos o tempo nessa fase para poucos segundos. Se sua meta é escrever um livro ou produzir um roteiro para TV, deve começar com propósito e significado antes de mergulhar em um cenário imaginado no qual já completou a tarefa. Ao imaginar o cenário, saiba que o ponto em que a meta é alcançada e os detalhes multissensoriais quando você chega lá serão diferentes para cada cenário. Para um roteiro, o ponto de realização pode ser o momento em que uma produtora lhe diz que quer comprar seu *script* ou quando a equipe de roteiristas lhe diz que não precisa mais de nenhuma mudança e o texto está pronto para produção. Ou talvez quando você assiste à primeira exibição. Esse cenário, esteja você onde estiver, requer elaboração multissensorial.

Nas próximas páginas, usaremos imagens multissensoriais com dois objetivos: dar atenção ao seu propósito (e ao impacto que a conquista de sua meta terá sobre você e outras pessoas) e ao seu significado (descobrir por que a meta é importante para você). Ao iniciar o processo de imagens, é importante você se sentir confortável. Recomendamos que fique sentado, sem muitas distrações. Ou seja, não ouça música ou qualquer outro áudio que desvie o pensamento. Deixe as solas dos pés retas no chão, sinta onde elas o tocam. Direcione todo o foco para o dedão de cada pé. Não espere que aconteça nada, apenas sinta.

Agora, concentre-se em *onde* você estará quando alcançar sua meta de longo prazo. No capítulo anterior, você aprendeu qual sentido de imagens (visual, auditivo, emocional etc.) funciona melhor para você. Use esse sentido para começar a acrescer camadas à experiência. É o que chamamos entrar no modo imagens. É o seu momento pessoal de elaborar e refletir. Sem pressa, mergulhe de verdade no processo. Leia devagar esta próxima seção:

Agora você está entrando no modo imagens.

Comece dirigindo a atenção à sua meta e ao motivo de ela acrescentar propósito à sua vida. Imagine a meta. Onde você está quando a alcança?

Seja específico e crie a cena. Inclua cores, texturas, contornos.

Qual é a temperatura?

O que você ouve?

Como está sua respiração?

Você segura ou toca alguma coisa?

Está se mexendo?

Há algum odor ou gosto? Deixe a mente procurar...

Como a meta impacta as outras pessoas? O que elas fazem? O que dizem ou sentem?

Como é a sensação de estar conectado com os outros?

Por que essa meta é importante para você?

Por que essa meta e por que agora?

Como imagina um "você" melhor no futuro?

Agora que alcançou sua meta, o que vem em seguida? Em uma escala de importância de 0 (nada importante) a 10 (extremamente importante), classifique a importância de ter realizado essa meta.

Saia do modo imagens e vamos rever o processo.

Consulte o diário e veja como as imagens funcionaram para você nesse cenário. Foi fácil ou difícil criá-las? Por quê? O que deu certo e o que precisa ser refinado? Você se distraiu? Caso sim, como poderá se manter focado na próxima vez? (Não se preocupe se isso de fato ocorreu; é normal se distrair nas primeiras vezes.) Como você pode deixar essas imagens mais prazerosas? Percebe que esse processo pode ser benéfico? Sua classificação de importância da meta deve ser alta (mais que 5) neste momento. Se não for, significa que talvez você tenha se concentrado em uma meta errada no momento e precisa repensar como seus valores se encaixam com seu propósito antes de prosseguir para a próxima fase.

Fase 2: Contraste mental

Na fase 2 da sequência de imagens, encorajamos o leitor a explorar os possíveis resultados positivos *e* negativos de alcançar a meta – com base nas ambições e nas prováveis ações – em detalhes elaborados.

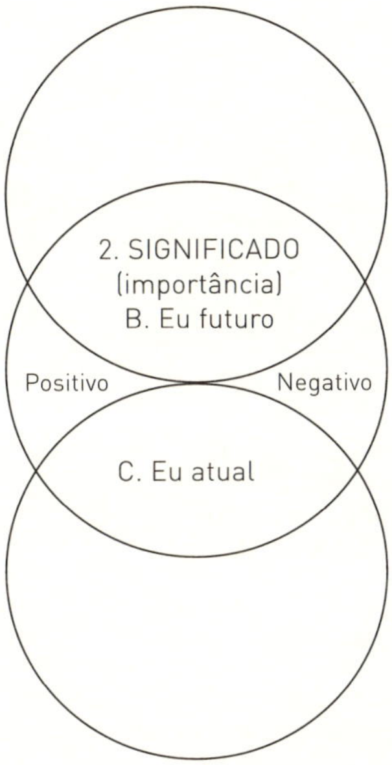

Na fase 1, usamos o exemplo de escrever um roteiro de TV para imaginar a realização total por meio do propósito. Com o mesmo exemplo, a fase 2 nos pede que examinemos o significado (a importância pessoal ou as razões para fazer algo) e o *espaço* entre onde você está agora e o sucesso da realização da meta. Esse espaço é preenchido com desafios importantes, prováveis obstáculos e demarcadores do progresso.

O acompanhamento do progresso é essencial quando fragmentamos as metas de longo prazo em passos menores, imaginando principalmente a meta no meio do caminho: o ponto entre o começo e a realização. Imagine que essa meta mediana oferece um alvo intermediário para você seguir caminho e aumenta a urgência de começar e se comprometer com a meta, o que torna tangível o marco.

Para uma exploração plena desse espaço, começamos com imagens negativas (fracasso) e examinamos por que não superamos os obstáculos. E se o seu estilo específico de escrita tiver um problema? Ou os cuidados com a família/os filhos não lhe permitirem tempo suficiente para escrever o roteiro? Talvez você não tenha encontrado um agente experiente. E se você pulou alguns demarcadores do caminho? Esses momentos de "e se..." são imaginados porque podem se tornar realidade. Com os possíveis momentos "e se..." explorados, você pode imaginar e planejar soluções antes de se deparar com o obstáculo. Por exemplo, uma maneira de melhorar seu estilo de escrita seria fazer algumas aulas ou contratar um *coach*. Você pode se imaginar sentado diante do computador, com protetores de ouvido, bebendo uma xícara de chocolate quente, enquanto aprende devagar, aperfeiçoa-se e trabalha até se tornar exímio. Ao contrastar duas partes – *imagens negativas* e *imagens positivas com base em soluções* –, você aumenta as chances de sair da fase 2 altamente motivado e pronto para entrar em ação na fase 3.

Vamos começar pela imagem negativa. Respire fundo, concentre-se na respiração: inale por quatro segundos, prenda, exale por mais quatro segundos. Como fizemos antes, leia devagar:

> Você está entrando agora no modo imagens. Comece a focar em sua meta.
>
> Onde está quando percebe que não alcançou a meta intermediária? Concentre-se nas cores, na temperatura e nos sons.
>
> Com quem você está e/ou a quem quer contar?

Qual é a sensação no peito e nos ombros?

Que obstáculos apareceram no caminho?

Por que não conseguiu superá-los?

Como isso afetará sua meta de longo prazo?

O que você aprendeu sobre si mesmo?

O que teria mudado se fosse possível?

Fique nesse modo imagens por alguns momentos, percebendo, de fato, como é a sensação de falhar, antes de prosseguir a leitura.

"Falhar" é uma palavra carregada de conotações negativas; porém, acreditamos que a falha não é algo ruim. Claro que provoca um sentimento desagradável, mas não inerentemente ruim. Todos nós falhamos. São raros os momentos em que conversamos sobre nossas falhas porque não é socialmente "legal" cometê-las. Não arrumamos parceiros nem ganhamos amigos se nos apresentarmos como fracassados, mas talvez devêssemos, pois o modo como reagimos ao fracasso revela nosso caráter. Falhar e se esforçar mostra que somos comprometidos com algo que nos é valioso. Se você quiser alcançar uma meta, terá de se esforçar. Ao imaginar o esforço inevitável, estará preparado para os Pontos de Escolha críticos, nos quais se depara com pensamentos intrusivos que o fazem pensar em desistir.

Mudemos de rumo agora para trabalharmos com a segunda parte. Exploraremos sua meta levando em consideração como você se sente com o ponto intermediário. Dessa vez, focaremos na sensação de atingir o alvo no meio do caminho até a meta de longo prazo. Lentamente, respire fundo e conte até quatro, atento à entrada de ar nos pulmões, segure um pouco e exale contando até quatro.

Você está entrando agora no modo imagens. Comece a focar no ponto em que está e perceba que atingiu, com sucesso, sua meta intermediária.

Está dentro ou fora?

O que ouve? Que aromas percebe?

Qual é a sensação no peito e nos ombros?

Que obstáculos você superou e quais foram as soluções?

Que forças pessoais o ajudaram a vencer esses obstáculos?

O que você aprendeu sobre si mesmo? O que significa perceber que o grande esforço compensa?

Como você pretende lidar com os reveses e as dificuldades no futuro? Qual é o seu próximo passo?

Em uma escala de confiança de 0 (nada confiante) a 10 (extremamente confiante), classifique como se sente agora que alcançou o ponto intermediário.

Fique no modo imagens por mais alguns segundos.

Agora, saia do modo imagens e faça uma breve reflexão, respondendo às perguntas a seguir em seu diário, antes de prosseguir.

Como você tem aperfeiçoado o uso de imagens?

O que deu certo no uso de imagens e o que precisa ser refinado?

Surgiram alguns pensamentos não abordados nas perguntas?

O que aconteceu?

Por que você classificou assim seu nível de confiança?

O contraste mental entre resultados potenciais positivos e negativos preenche a lacuna entre o eu atual e o futuro.[3] A fase 2 cria um senso de desequilíbrio entre os dois resultados fantasiados: fracasso e sucesso. O desequilíbrio nos impele a trabalhar na direção da meta desejada em vez de falhar. O sentimento de desequilíbrio ajudará você a se tornar uma versão melhor de si mesmo, pois todas as pessoas são programadas para buscar equilíbrio.

Como a experiência de imaginar um resultado negativo se compara com a de imaginar um resultado positivo? Quando fazemos essa pergunta aos nossos clientes, a maioria diz que a experiência renovou sua intenção de se esforçar para não sofrer fracasso ou decepção. Os pontos na classificação de confiança servem como checagem de realidade, pois um ponto baixo de confiança (inferior a 6) indica que a meta intermediária pode ser desafiadora demais, o que significa que deve ser repensada.

Esse ato de contrastar resultados negativos/positivos é o momento em que sua motivação expande e se torna compromisso. Ninguém gosta de sentir que se empenhou pouco ou de assumir a culpa pelo próprio fracasso. E, quando contemplamos esse possível sentimento, fortalecemos nossa motivação e nosso compromisso. Nesse momento, nossos clientes costumam dizem: "A decisão é minha. Preciso fazer os sacrifícios e me dedicar com afinco", cientes de que, se persistirem com o plano, serão recompensados com o delicioso sentimento da conquista que já haviam obtido na imaginação.

Fase 3: ação imaginada

Até aqui, você criou as metas, percebeu os resultados e contemplou os planos, mas ainda não implementou uma mudança comportamental. Esse tipo de mudança é o primeiro passo planejado com base em suas atuais habilidades e disponibilidade. Se pretende se candidatar a um novo emprego, mas não tem acesso a um computador, ou se está comprometido a ter um almoço saudável, mas precisa sair para fazer compras, esta é a fase em que você deve passar do planejamento para o ato.

Na fase 3, você usa imagens para planejar uma meta realista imediata ou de curto prazo (em duas semanas), com base em seu eu presente. Essa meta de curto prazo é conhecida como processo, porque pode ser dividida em partes, como no caso de uma pessoa que corre quatrocentos metros e segmenta a corrida em elementos: técnico (por exemplo, contato dos pés com o chão), tático (por exemplo, ritmo), psicológico (por exemplo, autoconfiança) e fisiológico (por exemplo, treinamento de tolerância a lactose). Esse exemplo funciona perfeitamente para atletas, e as ideias gerais podem ser aplicadas a qualquer caso.

Ainda sobre a meta de escrever um roteiro de TV, os elementos são quase os mesmos, porém as especificidades divergem: elemento técnico (por exemplo, desenvolver a estrutura do roteiro ou determinar áreas de estudo), tático (por exemplo, quando e por quanto tempo você vai escrever), psicológico (por exemplo, como vai gerenciar o estresse) e fisiológico (por exemplo, como pretende se manter saudável, hidratado etc.). Todos os componentes são vitais para os processos de escrever um roteiro, e, para esse estágio, são imaginados em detalhes a fim de imergir o roteirista na experiência. Cuidar dos detalhes pequenos não só conduz o atleta/roteirista ao ponto de partida como também o ajuda no desempenho constante, quando necessário.

Para você, há duas perguntas principais na terceira fase:

Qual é a meta desta semana?
Estou me esforçando para alcançá-la?

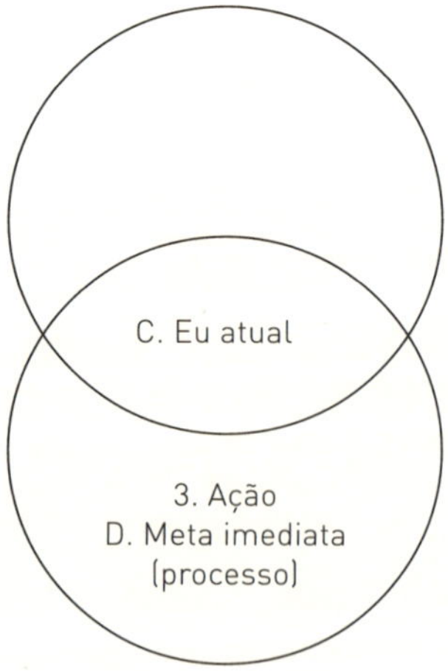

Se o seu objetivo esta semana for se candidatar a um novo emprego, você pode se imaginar sentado diante de uma mesa, com um café e um sanduíche de presunto, preenchendo formulários *on-line*. Ao se preparar para essa tarefa, talvez precise antes separar os documentos, por exemplo, certificados, pedir referências e ir ao supermercado comprar o café e os ingredientes para aquele lanche. Entretanto, o modo como você se imagina no empenho dessa tarefa não precisa ser idêntico à experiência real. Recomendamos a flexibilidade para a mudança. Se você se imaginou comendo um pedaço do sanduíche de presunto, mas não havia presunto no supermercado, faça um ajuste e compre geleia, em vez de abandonar a tarefa, até encontrar uma mercearia que tenha presunto.

Daqui a pouco voltaremos ao modo imagens. Antes, lembre-se de sua meta de longo prazo. Fragmentaremos o processo de alcançar a meta por meio de imagens e, em seguida, desenvolveremos as implementações. A implementação é um primeiro pequeno passo que o colocará em uma trajetória. Quando trabalhamos com pessoas que querem se exercitar mais para melhorar a saúde, o primeiro passo consiste, geralmente, em deixar os tênis ao lado da porta da frente, fazer uma lista de compras ou encher de água uma garrafa para se manter hidratado. Seja qual for seu primeiro passo, deve ser pessoal e específico para sua meta.

Bem-vindo de volta ao modo imagens. Com os pés firmes no chão, respire fundo uma vez e, ao expirar, sinta o relaxamento dos ombros. Quando estiver pronto, concentre-se na meta de curto prazo. Para ser mais específico, pense em onde estará quando alcançar a meta.

Atente-se aos sons ou, talvez, ao modo como desempenha sua conversa interna.

Qual é a temperatura, o aroma, o gosto? Talvez você tenha um sentimento específico.

Perceba o ambiente, as cores e as texturas ao redor.

Que obstáculos teve de vencer esta semana para chegar a este ponto?

Que pequenos passos deu para chegar aqui?

Qual foi seu ponto de partida?

Agora, pensaremos em como implementar essa meta. O que você pode implementar imediatamente?

Pode-se imaginar, em detalhes, fazendo isso agora?

Dê um tempo até envolver todos os sentidos nesse primeiro passo.

Quando estiver pronto, saia do modo imagens.

O primeiro passo é o mais importante da fase 3 porque coloca ação na intenção. Aquilo que você decide implementar, mesmo a menor de todas as ações, importa. O primeiro passo demonstra intento, ainda que seja apenas uma lista de coisas a fazer ou o planejamento de uma refeição. Ele começa a remodelar sua identidade por meio da intenção, enquanto você adota uma atitude flexível, porém focada.

Mesmo com uma atitude flexível, às vezes as prioridades mudam. O momento pode não ser o melhor para você começar o empenho em direção à meta. Por exemplo, talvez uma pessoa deseje limitar o tempo que passa no YouTube rolando vídeos, mas trabalha longas horas e usa o YouTube como alívio após o estresse, um instrumento de descontração e relaxamento depois de um dia de trabalho puxado; talvez o momento não seja apropriado para diminuir o hábito. Alguns dizem que o agora é sempre o melhor momento para começar, mas, na realidade, para que o agora seja o melhor momento, outras mudanças precisam ocorrer antes. Para um indivíduo muito ocupado, um pequeno passo é um excelente começo, enquanto outras pessoas menos atarefadas podem estar prontas para dar saltos em vez de apenas passos.

Planejar o primeiro passo é o ponto em seu Rubicão no qual você se compromete com uma meta e inicia a jornada. Em uma escala de 0 (nada pronto) a 10 (extremamente pronto), como se sente para começar já?

Não amanhã, mas *agora*. Se sua classificação for inferior a 7, talvez tenha de mudar as prioridades ou planejar meios de vencer obstáculos, por exemplo, atenção com os filhos, carga de trabalho e prazos, sobretudo se a meta for muito importante para você.

Você segue uma jornada pessoal, no seu ritmo, na certeza de que encontrará desafios e escolhas que darão forma ao seu propósito, ao seu significado e ao futuro. Aquilo que hoje você decide fazer aprimorará sua consciência e o ajudará a alcançar as metas que realmente importam para você. O passo seguinte é criar uma rotina firme que o auxilie a seguir o caminho.

Fase 4: a importância de um sinal!

Trabalhar com afinco e trabalhar certo deveriam ser sinônimos. Entretanto, trabalhar com afinco e ter as intenções certas nem sempre levam ao resultado desejado. Você precisa agir, mas também *permanecer* em ação. Portanto, criar sinais para você pensar ou agir de determinada maneira é o passo final nessa fase de aperfeiçoamento. Os sinais lhe dão um empurrãozinho (e o ajudam a continuar se mexendo) em direção ao seu norte verdadeiro e minimizam a possibilidade de desviar do curso por causa de fatores externos, como agenda apertada ou simples esquecimento.

Nesse ponto, o objetivo é encontrar um sinal para você praticar imagens multissensoriais todos os dias. A prática diária de imagens multissensoriais é essencial porque consiste na estrutura básica em que você pode confiar se pretende transpor aqueles momentos em que quer desistir.

Jacqueline, professora e remadora experiente, tentava quebrar o hábito de endurecer os ombros ao remar. Era um sinal de que forçava demais essa parte do corpo e não envolvia a essência de seu ser, o que a obrigava a usar energia excessiva. Seu *coach* explicou que ela fazia isso durante os "movimentos de força", quando tentava mais que o necessário ou a mente se desviava durante um treino extenso. O *coach* a alertava "Relaxe, Jackie!" em tom objetivamente não relaxante. Durante alguns movimentos com o remo, ela tentava relaxar, repetindo mentalmente: "Não endureça os ombros". Funcionava por algum tempo, mas, de repente, os ombros endureciam de novo. Após o programa de *coaching* com imagens, Jacqueline bolou um plano e associou-o aos seus valores: sentir-se conectada com os colegas de equipe, e assim encontrou um lembrete. O sinal era apertar o engate do remo pouco antes de entrar no barco. Ao apertar o parafuso, ela se imaginava afrouxando os ombros. Sentia a força das pernas pressionando o barco, ouvia o som da água sob ele, ouvia também o ritmo da própria respiração e sentia a mão reconfortante do colega de equipe sobre o ombro. O sinal e as imagens permitiram que ela se preparasse de antemão e recorresse aos seus valores e às suas forças essenciais. No auge dos treinos, em vez de apenas pensar: "Não endureça os ombros", ela era lembrada de pôr intenção no que queria e, com isso, realizar o objetivo.

Como você sabe, os pensamentos são espontâneos. Eles vêm e vão. Embora alguns pareçam involuntários e aleatórios, muitos são voluntários: você vê algo que ativa um pensamento. O motivo de os sinais serem tão importantes é que podem ser usados para o nosso benefício. Podem desencadear um pensamento desejável que vire uma bola de neve, ganhando velocidade e magnitude.

Para o seu pensamento virar bola de neve e ganhar velocidade, o segredo é a elaboração, e, quanto à magnitude, o segredo é a frequência com que você observa o sinal. Se você ativar frequentemente pensamentos centrados na meta, criados por meio de sinais, a magnitude mudará o próprio modo como se dá a conexão entre as sinapses no cérebro. É o que chamamos "plasticidade hebbiana", processo no qual sinapses semelhantes estimuladas em tempo paralelo constroem conexões.[4] Se essas sinapses forem criadas de maneira consistente, forma-se um hábito que tem o potencial de quebrar hábitos antigos.

Assim como os valores, a predisposição mental, o propósito, o significado, as atitudes e as cognições, os sinais são pessoais. Representam um pensamento específico que pode motivar ou apavorar uma pessoa, ou causar um sentimento intermediário.

Voltemos ao nosso roteiro hipotético para um programa de TV. O sinal de sua meta pode ser qualquer coisa pessoal que o conecte de volta aos seus "porquês". Em nosso trabalho com roteiristas, percebemos que os sinais por eles usados costumam envolver uma rotina matinal, como fazer café e, antes do primeiro gole, relembrar *por que* a meta lhes acrescenta *propósito* e *significado* à vida. Em seguida, os roteiristas consideram os *desafios* iminentes, como equilibrar a vida familiar com os prazos para escrever. Na sequência, planejam o dia de *hoje* em detalhes multissensoriais. Esse processo cria sentido de urgência, ao mesmo tempo que alinha pensamentos centrados na meta. Outros com os quais trabalhamos às vezes usam fotos de si próprios com uma pessoa amada e as colocam em locais estratégicos na casa, com o intuito de ativar um pensamento-alvo. Nesse cenário, a foto é um sinal que ativa emoções ligadas ao "porquê" pessoal, que acrescenta propósito e significado à meta, e a sequência de imagens é repetida (propósito e significado, desafios e planos para hoje).

No capítulo 1, vimos que a mergulhadora Iris tinha um protetor de tela no celular, que era uma foto na qual ela estava de pé em um penhasco, e isso ativava pensamentos traumáticos; então, ela a mudou para uma imagem neutra e, por fim, a trocou por uma imagem significativa da família. Em vez de escolher como sinal um comportamento novo (estalar os dedos, por exemplo), é melhor adaptar um comportamento existente (pegar o telefone) e mesclá-lo a um novo, usando, por exemplo, uma imagem significativa como protetor de tela. Os sinais também podem ser uma conversa interna deliberada que mantenha a pessoa motivada. Ouvimos boxeadores atuais (Tyson Fury) e antigos (Muhammad Ali) dizerem a mesma coisa, o tempo todo: "Sou o melhor". Isso os motiva e os prepara para a ação.

Os sinais podem ser evocados rapidamente e durar desde poucos segundos até o tempo de um banho. Seja qual for o sinal, deve ser pessoal, deliberado e significativo para você. Por exemplo, se você gosta de café ou chá logo pela manhã, o sinal pode consistir em encher a xícara, ato que você usa para ativar as imagens. O aroma do café e o som de despejá-lo na xícara desencadeiam a imagem de você sentado para escrever por duas horas, todos os dias, e a emoção de sentir que faz progresso, mesmo que pequeno. Pode haver mais de um sinal também. Durante o banho de manhã, você pensa nas roupas que vai vestir e se lembra das tarefas do dia ou dos *e-mails* que pretende enviar. Cada sinal é um desencadeador, uma oportunidade de imaginar. E com esse arranjo completo você pode pôr suas imagens em ação com LAP.

Por que usar a sequência LAP?

Nossa pesquisa e o trabalho com atletas de nível internacional, CEOs e membros das Forças Armadas indicaram diferenças psicológicas essenciais entre os que são número 1 em sua área e os que não o são. Primeiro, muitos deles são indivíduos bons na criação de imagens multissensoriais por causa de sua capacidade de produzir imagens vívidas e de controlar os pensamentos; além disso, planejam com eficiência e refletem sobre si mesmos de forma minuciosa, o que aperfeiçoa o aprendizado. Refletir sobre si mesmo é uma ação que permite à pessoa rever as experiências e tecer planos para transpor obstáculos e acelerar o aprendizado. Segundo, indivíduos bem-sucedidos tomam decisões de Ponto de Escolha melhores porque veem valor em longo prazo nos pequenos aperfeiçoamentos e não desanimam diante das adversidades.

De modo geral, quando usam LAP, são mais resilientes e perseverantes, apesar dos desafios. São mais conscienciosos por causa da reflexão e do planejamento detalhado. Também relatam a experiência de autopercepção e de controle. Quem não desejaria tudo isso?

Prática de imagens: LAP (Localizar, Ativar, Perseverar)

O tenista espanhol Rafael Nadal resumiu muito bem a situação nestas palavras: "Minha maior batalha é contra as vozes em minha cabeça". Os sinais oferecem um modo de ativar imagens, o qual, por sua vez, diminui o volume do falatório cognitivo, permitindo focar na tarefa necessária. Se você observar Nadal e outros grandes tenistas, logo verá os sinais. Pequenos atos como um tapinha na parte de trás dos sapatos, um ajuste nos trajes e a quantidade de vezes que batem a bola antes do saque são todos sinais. Esses movimentos rítmicos tornam-se rituais que mantêm os atletas relaxados e desenvolvem integração ideal no desempenho. Com o uso de sinais, os atletas ativam imagens multissensoriais e, assim, conseguem planejar o processo de executar a tarefa. A esse processo de imagens aplicadas damos o nome informal de LAP – localizar sinal, ativar imagem e perseverar no plano –, e nós o usamos em todos os níveis, com atletas de renome internacional, mas também com os iniciantes.[5]

Ao integrarmos sinais em nossa rotina, podemos gerar pensamentos específicos. Começamos ensinando as pessoas a localizar sinais que desencadeiem uma pausa no comportamento. Essa pausa prolonga a "reação instantânea" e abre a janela do Ponto de Escolha, da decisão inicial de dois para cinco segundos. O simples ato de integrar um sinal pode desviar o pensamento da desistência, porque você integra um novo pensamento que entra em conflito com a ideia de desistir. Por exemplo, se você tiver um pensamento negativo durante uma competição, um sinal interromperá esse ciclo.

Para uma amazona com quem Jo trabalhou, o sinal físico era a sensação do toque das rédeas entre os dedos. Quando ela sentia certa insegurança quanto às distâncias até a cerca, focava no toque das rédeas, e isso desencadeava uma lembrança específica de sua excelente presença de espírito em percursos problemáticos que já enfrentara.

No futebol profissional, Jonathan trabalha com os jogadores no sentido de associar um sinal a um pensamento.[6] O sinal geralmente consiste em puxar as meias, às vezes retirar lama das chuteiras ou, em rara ocasião, mudar o penteado. Esse sinal ativa imagens que ajudam os jogadores a recuperarem ou manterem o foco depois que o time adversário marcou um gol ou após uma fase do jogo que não saiu como haviam planejado. É um modo de afastar emoções e pensamentos espontâneos que invadem uma meta de processo técnico ou tático, por exemplo, manter a formação dos jogadores ou dar um primeiro toque controlado antes de passar a bola. O sinal interrompe os pensamentos negativos e, assim, os impede de provocar queda de desempenho.

Após encontrar seu sinal, você pode ativar imagens multissensoriais positivas, nas quais imagina todas as sensações de alcançar a meta imediata ou de longo prazo. Quando experimentar essas imagens, poderá planejar os passos seguintes imediatos e entrar em ação.

O tenista Andy usa muito bem LAP em sua rotina antes de jogar. Começa localizando o sinal (girar a raquete), que ativa suas imagens: relembra rapidamente seu propósito (inspirar outros esportistas) e olha ao redor. Andy pensa na importância daquela competição específica e elabora os detalhes dos resultados positivos. Em seguida, vê a meta em processo: um saque amplo seguido de um retorno ao *backhand* do adversário, a velocidade do movimento, a sensação de impacto no chão e a visão da bola em contato com a raquete. O golpe derradeiro... e a alegria emocional de ganhar o ponto. Andy ensaia mentalmente esse processo por algum tempo, até cerca de cinco segundos antes do saque. Nesse instante, compromete-se com o plano. Nos cinco segundos finais, dirige a atenção para a ação imediata, flexionando os joelhos para relaxar o corpo, e então se compromete com a ação (o processo) e faz o saque. Essa sequência de eventos ajuda Andy a permanecer focado no desempenho potencial, e ele se compromete com sua escolha de ações durante o estágio de imagens, perseverando com o plano.

Desde o sinal para as imagens multissensoriais até a aceitação do plano, Andy usa a sequência LAP para aperfeiçoar a integração antes da partida e controlar o próprio pensamento. No decorrer da partida, claro que adapta o plano de acordo com as reações do adversário. Entretanto, sua rotina antes da partida ainda é importante porque controla a maior quantidade possível de variáveis, como confiança, instinto e possíveis reações. A partir daí, o fluxo toma conta, e a sorte está lançada.

Você pode aplicar a sequência LAP várias vezes por dia, com o objetivo de controlar os pensamentos. É específica a cada pessoa e a cada tarefa, assim como os sinais, as imagens e os planos pessoais, constantemente refinados de acordo com circunstâncias específicas.

Quando usamos LAP com executivos de empresas, pedimos que identifiquem circunstâncias específicas em que precisem focar a atenção para completar uma tarefa. Em geral, essa tarefa seria terminar uma apresentação em *slides* para uma reunião agendada. Em seguida, ensinamos esses clientes a escolherem um sinal, como segurar uma caneta ou beber alguma coisa, usar imagens para um ensaio mental da apresentação, ao mesmo tempo planejando os possíveis desafios e oportunidades, e focar na experiência multissensorial de uma boa reunião. Por fim, sugerimos que façam algo que os ajude a perseverar na tarefa, por exemplo, completar um gráfico ou talvez até fazer um pequeno intervalo. Eles usam LAP como um atleta usaria para relaxar e focar a atenção na completude da tarefa. Executivos que aplicam LAP relatam mais autoconfiança, foco e *feedback* positivo de suas equipes.

DEDIQUE UM TEMPO PARA REFLETIR, APRENDER ACERCA DE seus Pontos de Escolha e pensar em modos de usar suas imagens pessoais. Anote suas reflexões no diário, com atenção aos sinais deliberados e à ativação de imagens. Dê a si mesmo tempo suficiente para refletir sobre como pode aplicar LAP e acrescentar significado à sua prática de criar imagens. Recomendamos incubar essas novas ideias, refinar sua habilidade com imagens e desenvolver métodos que funcionem melhor para você. Com nossos clientes, essa fase de incubação costuma durar uma semana, mas alguns precisam de mais tempo. Temos certeza de que você quer ler mais, mas uma pausa e alguns minutos de reflexão sobre seus valores, suas crenças, suas atitudes e suas cognições, bem como sobre o modo como persevera nos comportamentos, o ajudarão no futuro. Tente utilizar as imagens e desenvolver essa prática com o uso de sinais. Confie em nós e verá que vale a pena.

CAPÍTULO 6

A Reprogramação

Penso que os campeões não se definem pelas vitórias,
mas, sim, pelo modo como
se recuperam das quedas.
- Serena Wiliams

Não fomos feitos para viver no modo sobrevivência. O modo "lutar ou fugir" é controlado pelo sistema nervoso simpático, e, se não houver limites, ele entra em um estado que se torna uma reação habitual, cujo resultado é estresse crônico e hiperatividade. Esse estado não só atrapalha nosso desempenho como também reduz a qualidade de nossos relacionamentos e afeta nossa capacidade de viver uma vida longa, com saúde ideal, qualidade de sono e alegria.

Por isso, é essencial que você tenha ferramentas que o ajudem a reprogramar o pensamento. Uma atividade de reprogramação pode ser um passeio na praia ou outro lugar na natureza, onde você possa respirar ar puro, ouvir os pássaros, ver o céu e relaxar. Outra forma de reprogramação seria andar de bicicleta, como fazia Einstein. Ou telefonar para um amigo, velejar, cavalgar, ler um poema, cantar, dançar, dirigir em uma bela estrada, fazer ioga, escrever no diário, meditar, e assim por diante.

Infelizmente, muitas pessoas esperam tempo demais antes de se reprogramar. Esforçam-se até um ponto de ruptura e *só então* saem de férias ou fazem um intervalo. Você percebe que já esperou demais quando tem dificuldade de apertar o botão interno do *off*, ou pior: finalmente começa a espairecer, mas adoece e passa os primeiros dias de férias acamado.

As férias são importantes para nosso bem-estar, mas o essencial é desenvolver uma prática diária de reprogramar a mente e realinhar sua atitude flexível (abertura para novas possibilidades com espírito positivo de "sim, eu posso"). Quanto mais você praticar a reprogramação, maior será sua habilidade de rechaçar pensamentos negativos e evitar o esgotamento.

Práticas diárias de imagens, como LAP, que abordamos no capítulo 5, mantêm a pessoa no rumo certo, preparada para aqueles momentos carregados de pressão que despontam no horizonte. Os intervalos curtos também servem para um descanso e uma reprogramação no decorrer do dia. Às vezes, porém, quando você está sob pressão e fatigado, e os pensamentos negativos começam a se acumular, nada disso basta. Talvez você não consiga localizar sua imagem ou ativar o sinal para impedir a dúvida e a conversa interna negativa que certamente virão em seguida. Precisa de uma reprogramação mais forte. Precisa de um SLAPP.

SLAPP para a reprogramação

Quando você entra no círculo vicioso de pensamentos negativos, ou começa a se sentir massacrado pela frustração e pela fadiga, o LAP nem sempre é suficiente; nesse caso, seria preciso acrescentar dois passos importantes para a reprogramação, do foco em pensamentos destrutivos, para a ação construtiva. O SLAPP é como um bofetão (em inglês, *slap*) no rosto, acordando-nos ou nos tirando de uma espiral para baixo. Com ele, antes de você **L**ocalizar o sinal, precisa **S**air do que está fazendo e respirar. Em alguns casos, como correr uma maratona ou a pressa para cumprir um prazo apertado, quando sair de uma situação não é possível, você pode substituir o "sair" por "sossegar".

Depois de **S**air ou **S**ossegar, você **L**ocaliza o sinal e, em seguida, **A**tiva as imagens. Depois, em vez de ir diretamente ao **P**erseverar no plano, inclui outro passo: **P**arar o avanço de pensamentos indesejáveis, como "Não consigo fazer isso", "Não vale a pena" ou "É melhor desistir agora". Esses pensamentos que ameaçam seu sucesso são criados por emoções negativas que se acumulam no fundo da parte límbica do cérebro. Se quiser voltar ao cérebro do raciocínio lógico (o córtex pré-frontal), você deve usar uma tática temporária de repressão. Precisa parar o avanço dos pensamentos indesejáveis. Note que não dissemos "parar os pensamentos indesejáveis". Voltaremos à questão mais adiante.

O SLAPP ajuda você a administrar as emoções e a reprogramar seu estado de espírito *no momento*, auxiliando-o a recuperar o controle dos pensamentos, de modo que possa realinhar a atenção à tarefa presente. Isso, por sua vez, o ajuda a tomar decisões baseadas em lógica e aumenta sua habilidade de converter pensamentos negativos em positivos. O resultado final é um desempenho sólido, mesmo sob pressão.

Se quiser usar o SLAPP, você deve antes perceber quando um pensamento intrusivo começa a dominar. Por exemplo, se sua motivação cai diante de uma tarefa desafiadora, talvez você pense em desistir e comece a dar atenção a essa ideia. Quando esse pensamento entra na consciência, você está à beira do precipício de seu Ponto de Escolha: pode parar ou continuar. Caso escolha a segunda opção, provavelmente logo chegará a outro Ponto de Escolha, a menos que tenha percorrido o ciclo completo do SLAPP e chegado ao último **P**, onde se reconecta com seu propósito e persevera.

Vamos fragmentar um pouco mais esses dois passos extras: sair e respirar (ou, pelo menos, sossegar e ouvir a própria respiração) e parar o avanço de pensamentos indesejáveis.

Sair e respirar

No estágio sair (ou sossegar) e respirar do SLAPP, você toma a decisão consciente de romper seu padrão de pensamento, respirando fundo e seguindo mentalmente o fluxo do ar à medida que ele penetra os pulmões e, por fim, sai do corpo. Nossos clientes costumam perguntar qual deveria ser o ritmo da respiração. O tempo que levará sua respiração consciente é mais uma escolha pessoal que uma técnica específica e testada de maneira empírica. Quando insistem na pergunta, recomendamos inalar por quatro segundos, segurar por um e exalar por mais quatro. Embora pesquisas indiquem que esse método é benéfico para o desempenho, o propósito principal da respiração é mudar o foco da atenção, de eventos externos, para o controle interno, que inicia o processo de reprogramar o pensamento.

Depois da respiração, localize seu sinal comportamental, que já faz parte de sua rotina com LAP (como no caso de girar a raquete, para o tênis). Em seguida, ative as imagens. Durante o aprendizado dessa fase da reprogramação, é essencial criar uma âncora emocional deliberada que produzirá imagens *motivacionais* e um resultado comportamental desejável: esforço contínuo. Quando você refina e adapta o modo de usar imagens, o processo de ativá-las acelera, e é mais fácil permanecer no rumo certo enquanto você navega pelo Ponto de Escolha.

Parar o avanço de pensamentos indesejáveis

Como *coaches* de imagens, dizemos "parar o avanço" de um pensamento em vez de "parar um pensamento". Por que isso é importante? Vamos fazer uma experiência rápida para demonstrar ao leitor.

Pense em um elefante cor-de-rosa. Agora, pare de pensar nele. Sério, não pense de jeito nenhum em um elefante cor-de-rosa. *Pare*. Pare agora mesmo. Não pense mais.

Parou de pensar no elefante cor-de-rosa quando mandamos? Ou aconteceu o contrário?

Nossa mente é obstinada e desafiadora. Quando você diz a si mesmo que *não* quer pensar em determinada coisa, a mente desejará pensar nela muito mais. Dizer "não" só resulta em rebeliões. Uma amiga de Jo lhe contou que não gostava de pessoas que esbanjavam dinheiro. Disse: "Eu mesma vou parar de gastar dinheiro com coisas desnecessárias". A ideia pareceu irrealista a Jo, pois essa amiga já era econômica e propunha adotar um plano financeiro ainda mais rígido. Na segunda-feira seguinte, Jo a viu novamente. Ela disse a Jo que saíra para fazer compras naquele dia, após conversarem, e gastara dinheiro com coisas que não lhe eram necessárias. Fez exatamente o contrário do que planejara.

"Acredita?", perguntou a amiga.

"Sim", respondeu Jo, com um sorriso. As duas riram muito.

O excesso de "não", "pare" etc. nos predispõe a um estado de resistência. Devemos esclarecer que resistência não é uma liberdade pessoal: é apenas o ato de fazer o contrário do que nos mandam. (Desculpem-nos os adolescentes que estiverem lendo este livro.) Romper a reação natural da mente a comandos é difícil. Para algumas pessoas (incluindo um dos autores deste livro, que não revelará a identidade), a mera ideia de dieta desencadeia medo de "passar fome" e as leva a comer ainda mais. Portanto, para quebrarmos esse círculo vicioso de pensamento, precisamos de uma estratégia. Parar o avanço dos pensamentos (o **P** extra em SLAPP) é o que recomendamos.

Em vez de dizermos a nós mesmos "Pare de pensar nisso!" – que, como você agora sabe, cria uma reação de desafio –, podemos "parar" o avanço de um pensamento indesejável. Isso significa deixar o pensamento guardado em uma prateleira, como um livro, impedindo que avance no momento. Não é uma proibição de *jamais* voltar a ele; apenas não o deixamos avançar naquele instante, porque assim ele não atrapalhará o andamento da tarefa. O esforço de parar um pensamento consome energia, mas parar o avanço desse pensamento *lhe dá energia* para estar presente com todo seu potencial, seja em uma partida de tênis, no meio de uma apresentação na empresa ou simplesmente no foco da leitura deste livro. Na realidade, você não diz a si mesmo que *não pode* pensar em tal coisa; apenas se lembra de deter o avanço do pensamento até *mais tarde*, quando for conveniente.

Parar o avanço de pensamentos em ocasiões de grande desafio permite que você se concentre em outra coisa, passível e de controle imediato: seu comportamento.

Will, talentoso velejador de um metro e noventa de altura, sentia espasmos fortíssimos de dor quando tinha de ajustar as velas no barco por períodos prolongados, tarefa semelhante a remexer cimento à medida que ele endurece devagar. A dor era causada pelo acúmulo de ácido láctico nos braços, que se estendia aos ombros, ao dorso, aos quadris e às pernas. O objetivo de Will era tolerar a dor e, em suas palavras, "gostar de viver no inferno". Queria velejar como profissional e precisava administrar pensamentos intrusivos que sempre lhe diziam para ir devagar, ou pior: sair. Durante uma competição, Will não pode simplesmente desistir dos ajustes da vela – na verdade, quer fazer o contrário –, então pratica o "sossegar". Respira mais devagar, ajusta a postura (esse é seu sinal), depois começa a ativar as imagens, consegue parar o avanço de pensamentos indesejáveis e perseverar no plano. Assim, lida com a dor e deixa a vela na posição necessária para seguir na competição.

Retorne aos pensamentos invasivos antes de uma recaída

Uma observação importante aqui é que você precisa retornar mais tarde àquele pensamento e encará-lo. Volte sempre aos pensamentos negativos depois do fato. Se não o fizer, ele virá à tona de maneira espontânea, sem aviso prévio, talvez quando você estiver dirigindo ou cozinhando, com a probabilidade de atrapalhar o raciocínio construtivo antes de você tentar de novo a mesma tarefa. Esteja onde estiver, reavalie por que ocorreram pensamentos invasivos e como eles podem ser superados caso apareçam novamente, pois assim você terá condições de evitá-los no futuro.

Aqui vai uma breve recapitulação:

PRÁTICA NO DIA A DIA: LAP

- **L**ocalize seu sinal
- **A**tive suas imagens
- **P**ersevere no plano

EM MOMENTOS DE DIFICULDADE: SLAPP

- **S**aia (ou sossegue)
- **L**ocalize o sinal
- **A**tive as imagens
- **P**are o avanço do pensamento invasivo
- **P**ersevere no plano

SLAPP em ação

Para determinar a eficácia da programação mental FIT com equipes, Jonathan conduziu pesquisas com membros do exército britânico. No início, os recrutas passavam por um curso intensivo de resistência física, com duração de quatro semanas. Incluía habilidade para pontaria, escalada em uma corda de nove metros, pista de assalto cronometrada e um exercício de navegação e sobrevivência por vários dias.

Se os recrutas completassem esse treinamento de força, tinham permissão de tentar o Curso de Soldados da Fuzilaria Real, que continha atividades semelhantes e terminava com uma marcha de quarenta e oito quilômetros, na qual carregariam vinte e cinco quilos e precisariam completar em menos de oito horas. Esse curso é considerado um dos programas de treinamento militar mais desafiadores do mundo. As recompensas por completá-lo, porém, são extraordinárias: várias possibilidades de progressão na carreira (dentro e fora das Forças Armadas) e a cobiçada boina verde, sinal internacional de excelência. Todos os recrutas se inscrevem voluntariamente e podem desistir a qualquer hora.

Em um momento de reflexão, James, um dos recrutas que treinamos com o SLAPP, se lembra de como aplicou a técnica.

> No início, fui cético quanto à psicologia, porque esse é um curso físico. Lembro-me de experimentar a técnica SLAPP pela primeira vez em um exercício de correr. Mais ou menos na metade da corrida, fiquei completamente exausto. Os rapazes e a equipe encarregada falavam sobre um exercício centrado de respiração para reprogramar, e, no meu caso, passei quatro segundos inalando, fiz uma transição suave e exalei por mais quatro segundos. Esse exercício me lembrou de tomar um gole d'água, então imaginei por que estava ali e o que significaria para mim e para minha família receber a boina verde. Imaginei-me cinco anos no futuro: onde estou, os sons, os aromas, os sentimentos. Assim, parei o avanço de pensamentos indesejáveis, como a vontade de desistir e a dorzinha na canela que quase me fazia parar, e planejei o momento presente: endireitei-me e foquei na amplitude de meu passo. Mais tarde, naquele dia,

retornei aos pensamentos negativos e pude explicar a mim mesmo que tenho a paixão e a habilidade para me tornar um soldado.

Constatamos que os soldados treinados em FIT tinham um desempenho melhor e eram capazes de administrar o falatório cognitivo; isso aumentava suas chances de sucesso em quarenta e quatro por cento, em comparação com as dos aspirantes dos dois anos anteriores que não tinham recebido treinamento FIT. Entretanto, há um lado negativo no uso da reprogramação, e, por esse motivo, dizemos aos nossos clientes que é bom usá-la de maneira estratégica. Entrevistamos os soldados que desistiram do curso, e alguns deles relataram que se forçaram, de forma muito rápida e excessiva, no uso do SLAPP. Tentaram superar suas capacidades físicas e acabaram se machucando, o que afetou seu progresso. (Ver, a seguir, mais informações sobre "o lado sombrio" do SLAPP).

Os que se tornaram soldados de comando relatam ter usado o SLAPP com alta frequência (cerca de dez vezes por dia) no início do curso. A equipe encarregada do programa nos informou que os soldados diziam SLAPP em voz alta, às vezes aos gritos, quando se viam diante de tarefas desafiadoras. Esse hábito, segundo um dos capitães, virou um sinal para o grupo "reprogramar, reavaliar, revisar e recomeçar". Mas a quantidade de vezes que usavam o SLAPP no fim do curso diminuiu de forma drástica, mais ou menos uma vez por semana, indicando que os pensamentos intrusivos eram menos frequentes ou não exigiam reprogramação.

De modo semelhante, a ferramenta de comando mental SLAPP funciona para perda de peso, administração de empresas, esportes e educação, pois permite que as pessoas administrem os próprios pensamentos quando chegam ao seu Ponto de Escolha durante uma tarefa. O SLAPP é adaptável para suprir necessidades individuais e o tempo disponível de cada pessoa, desde uma reprogramação rápida para redirecionar a atenção até uma mais detalhada, por meio de elaboração extensa, na qual o indivíduo imagina, em detalhes, o propósito, a importância (significado) e a ação.

Quando ensinamos executivos a usar o SLAPP para controlar os nervos antes ou durante as reuniões, eles nos informaram que utilizavam a técnica todos os dias porque viam benefícios imediatos. Acharam o procedimento perfeitamente transferível e, por esse motivo, aplicavam-no enquanto dirigiam ou no decorrer de conversas difíceis, e até no golfe, quando seu desempenho não era o desejável. Em todas as situações, eles aplicavam o SLAPP usando o sinal certo, sempre elaborando o futuro, detendo o avanço de pensamentos negativos e, por fim, comprometendo-se com ações planejadas anteriormente, como comportamentos racionais no trânsito, comunicação empática ou controle emocional na hora de se expor. Esse processo de reprogramação incentivava o raciocínio lógico e a ação proativa, no lugar das reações emocionais e dos comportamentos nocivos.

Maria, assistente executiva, recebia cerca de oitenta *e-mails* negativos por dia, muitos dos quais até grosseiros. Ela relata:

> No cargo de assistente executiva, recebo muitos *e-mails*. Faz parte de minha função. Se tenho a solução, respondo a eles imediatamente. Contudo, se dependo do parecer de outra pessoa, alguém em posição intermediária, costumo enviar um *e-mail* educado explicando: "Vou verificar e lhe respondo o mais breve possível". O que me aborrece é que vivo entre dois extremos: alguém que deseja resposta imediata e outra pessoa que não tem o menor senso de urgência. Isso significa que recai sobre mim a irritação de muita gente que aguarda uma resposta ou de quem sou obrigada a pressionar.

Maria passou a usar a reprogramação SLAPP quando recebia um "*e-mail* ofensivo". Primeiro, *saía* para fazer uma respiração centrada. Punha as mãos sobre a mesa e *localizava* seu sinal, focando a atenção nas mãos. Em seguida, *ativava* imagens positivas, geralmente pensando em se deitar sobre uma toalha macia na praia e ler um livro. Depois, *parava* o avanço de pensamentos negativos, aos quais dava o rótulo de "emoções de *e-mails* indesejáveis". Por fim, ao reforçar o compromisso de oferecer um bom serviço, *perseverava*, planejando o que diria, de maneira profissional, em sua resposta.

Diretores executivos e vice-presidentes relataram que o processo acentuou a autopercepção e o autocontrole e, a partir daí, a autoconfiança e a qualidade de seu desempenho. Um diretor executivo de uma organização multimilionária disse que o SLAPP lhe deu mais clareza de sua função, tanto para ele próprio quanto para a equipe... "Usar o SLAPP no momento exato em que reconhecia os pensamentos negativos colaborou muito para meu bem-estar e também me ajudou a 'controlar os controláveis', como dizem hoje." À medida que as imagens se tornavam um hábito, outra série de bônus interessantes surgia. Nossos clientes relatam que a qualidade do sono melhorou, o estresse diminuiu, e os relacionamentos pessoais e profissionais tornaram-se mais enriquecedores.

No setor educacional, trabalhamos com estudantes entre quinze e dezoito anos, prestes a fazer provas. O uso de treinamento de imagens com jovens pode ser difícil se eles não tiverem metas específicas; assim, como fazemos tantas vezes, começamos com a apuração de suas metas e de seus valores, de sua predisposição mental e de suas atitudes. Alguns estudantes sentiam que seu sonho de carreira era inalcançável e, em decorrência disso, tinham baixa motivação. Por exemplo, um estudante queria ser advogado, mas as notas no exame simulado recente tinham sido ruins. O resultado foi que ele abandonou o sonho. É comum observarmos o comportamento de "desistir rápido" na educação. Uma ou duas notas baixas podem alterar a motivação de um estudante: se antes ele era focado, fica completamente perdido. Verificamos que, embora alguns professores ajudassem os alunos a desafiar as crenças negativas oriundas de um desempenho fraco, outros nada faziam a respeito. Começamos, então, nosso FIT no trabalho educacional explorando os objetivos e a motivação dos estudantes, com o intuito de garantir que cada um tivesse uma meta e um sentido claro de importância e propósito atrelado a ela. A partir daí, os estudantes praticaram LAP por uma semana antes de refinar suas habilidades para criar imagens no SLAPP. É importante ressaltar que modificamos o último **P** – de "perseverar" para "pôr as mãos na massa", ou, nesse caso, nas provas.

Com o uso do SLAPP, ensinamos os estudantes a fazerem uma reprogramação no meio de uma prova. Funcionava assim:

- **Sossegue** e respire. Sinta o ar entrando e saindo do corpo.
- **Localize** seu sinal. Largue a caneta por alguns segundos.
- **Ative** suas imagens. Lembre-se de quando respondeu a uma pergunta semelhante. Onde estava? Lembra-se de algum som, de algum toque? O que está vendo? Tente recriar o que aconteceu e como você se sentiu. Escreva um tipo de rascunho do que você se lembra e imagine o que pode fazer agora para responder à pergunta.
- **Pare** o avanço de pensamentos indesejáveis. Guarde-os em uma prateleira, até terminar o exame, e só então os observe de novo.
- **Ponha as mãos na massa**. Pegue a caneta e comece.

Aprendemos muito com os estudantes. Annie, que achava muito difícil dar respostas longas descritivas nos simulados de inglês, refinou seu SLAPP e desenvolveu uma versão própria. Sabia qual era o desencadeador da ansiedade: lia uma pergunta e sentia um "branco" na mente, o coração batia rápido, as palmas das mãos começavam a suar, e dali a pouco ela perdia o controle de tudo. Tentou, então, a parte de "sossegar e respirar" do SLAPP, mas preferiu dar atenção ao corpo. Focou-se nos pés, firmando as solas no chão. Endireitou-se na cadeira, sinal para ativar as imagens. Annie começou a se imaginar sentada na sala de aula, local onde aprendera o conteúdo da prova. No olho mental, desenhava a sala, incluindo cartazes e citações de grandes mestres da literatura espalhados pelas paredes. Imaginava uma ocasião em que talvez tivesse respondido a uma pergunta semelhante. Esse processo de recordar permitiu à jovem fazer um planejamento melhor e remover da situação emoções como estresse e medo. Afinal, aquele era apenas mais um dia na sala de aula. Annie se lembrou de parar o avanço de pensamentos indesejáveis ao menos naquele momento e de focar nos sentimentos presentes. O passo seguinte era planejar a pergunta, escrevendo como pretendia responder a ela. Você pode fazer o que Annie fez e criar sua versão pessoal do processo SLAPP, refinando e desenvolvendo o que funciona melhor no seu caso.

Na realidade, Annie não foi a única a adaptar o SLAPP de acordo com suas necessidades. Cada estudante usou o processo de modo diferente. Enquanto alguns, como Annie, recriaram mentalmente a sala de aula onde haviam aprendido o conteúdo das provas, outros imaginaram um filme deles mesmos respondendo à pergunta em seu quarto, ou uma conversa com a família ou com os amigos sobre a prova, mais tarde, naquele mesmo dia. Para a maioria dos estudantes, ativar as imagens foi rápido, questão de segundos, mas a prática lhes permitiu a recalibragem, impediu os pensamentos catastróficos e diminuiu a ansiedade antes da prova, ao mesmo tempo que melhorou o desempenho.

Nossa pesquisa incluiu uma amostra de cento e vinte e dois participantes em três escolas e concluiu que aqueles que receberam treinamento com imagens tendiam a obter nota 0,4 ponto mais alta que a média dos estudantes nos outros grupos.[1] Embora pareça pouco, a diferença é importante para eles. Significa que aqueles com nota mínima C agora conquistavam B.

O SLAPP é um suplemento do LAP. Primeiro você usa o LAP todos os dias para colher os benefícios da reprogramação. Em geral, ensinamos o processo SLAPP pelo menos duas semanas após introduzir o LAP; nesse ponto, o *feedback* do cliente é o de que a prática de criar imagens já se tornou um hábito diário. No processo LAP ocorre o planejamento de maneira formal, enquanto o SLAPP é o momento em que você o internaliza e adapta o método de reprogramação, até ser adequado ao seu caso.

O lado sombrio do SLAPP

Nossos dados com base no esporte, nas empresas e no serviço militar indicam que aqueles que usam o SLAPP aumentam o nível de resiliência e determinação, alcançam as metas e, por fim, estabelecem outras. Entretanto, esse uso nem sempre é a melhor escolha para toda situação.

Determinação, perseverança e empenho são qualidades admiráveis, mas também têm um lado sombrio. Ser resiliente, determinado e exageradamente orientado por metas às vezes é prejudicial; portanto, é importante saber quando desistir. Por exemplo, é normal que o desconforto apareça e desapareça em ondas após uma corrida longa, mas, quando a dor persiste, talvez não seja uma boa ideia mudar o foco dela para o sinal, ativar as imagens, parar o avanço dos pensamentos indesejáveis e depois continuar a correr; essa pode não ser a melhor opção, sobretudo se você estiver perto de uma contusão ou já contundido. Em momentos assim, você deve "escutar" o corpo e reconhecer seus limites físicos.

Para proteção contra comportamentos potencialmente autodestrutivos a serviço de uma meta, aconselhamos as pessoas a usarem o SLAPP só quando tiverem a necessidade urgente de reprogramar os pensamentos. Nossa pesquisa com corredores de ultramaratona constatou que eles só precisavam de uma reprogramação depois das primeiras horas, e, quando necessitavam de um empurrão final para atravessar a linha de chegada, costumavam usar o método com significativo sucesso.

Realinhar

Quando você se sente desequilibrado por causa de aborrecimentos, estresse, ansiedade ou frustração, sabemos que é sinal de que precisa ao menos respirar. Ou talvez seja um indicativo de que deve desistir. É fundamental que você compreenda a diferença. Antes de determinar o caminho a seguir, dê um tempo para realinhar.

Realinhar significa reavaliar sua meta, relacionando-a ao seu propósito e aos seus valores. Se decidir que a meta não está alinhada com o que você é, pode desistir por um bom motivo. A decisão de realinhar não é tomada em um Ponto de Escolha. Na realidade, é um Ponto de Propósito, um processo lento de exame da alma e de asserção lógica. Algumas pessoas desistem porque não veem mais valor na realização de uma tarefa. Talvez no início estivessem totalmente comprometidas, mas com o tempo as prioridades mudaram, assim como os valores e o sentido de propósito.

Se quiser evitar o esgotamento por se empenhar muito na direção de metas não mais importantes, você pode acrescentar recalibrações na agenda (talvez uma vez por mês) e usar esses momentos para reavaliar seus valores e seu propósito. Reflita se a meta original ainda é relevante para você. Não precisa agendar essas reavaliações, mas observe a reação interna antes das respostas. Se notar desencadeadores como ansiedade, doença crônica ou queda de motivação e compromisso, eles podem indicar que é hora de realinhamento. Nesses momentos, pense em seus valores, em seu propósito, na importância de sua meta e reestabeleça o nível de compromisso com ela.

Linda, de trinta e seis anos, trabalhara quase a vida inteira focada em uma posição: diretora do departamento de matemática em uma grande escola pública. Tinha estabilidade, renda fixa, uma família feliz, uma equipe proativa e a autonomia que sempre quis. Iniciara a jornada para essa meta aos dezesseis anos. Seu orientador profissional sugerira os cursos apropriados, e ela se empenhou com muito afinco para transformar o sonho em realidade. Na universidade, Linda gostou do caminho escolhido e fez amigos, com os quais têm contato até hoje.

No entanto, após realizar seu sonho, Linda decidiu que não queria mais lecionar. "Não foi uma decisão de última hora", disse. "Era um sentimento que aflorava aos poucos. Algo em mim queria uma vida diferente ou um modo diferente de viver. Eu pensava: 'O que sou agora é diferente do que era na adolescência'. Tempos atrás, quando alguém tinha um emprego, apegava-se a ele até o fim. Minha mãe trabalhava com finanças. Começou a vida profissional nessa área e terminou-a no mesmo lugar. Mas os tempos mudaram. Posso ter múltiplas carreiras e me reinventar para seguir minhas metas atuais."

Linda sabia que tinha de tomar uma decisão importante. Atravessar o Rubicão do Ponto de Desistência? Fez, enfim, o que qualquer professor experiente faria: escreveu na lousa uma lista de prós e contras. Depois, conversou com a família e se comprometeu com seu plano. Começou por diminuir para meio período a atividade de lecionar, com o intuito de ganhar experiência. A nova meta era ser instrutora de academia; seguiu, então, os passos da amiga Debbie e dali a um ano obteve o certificado. Dois anos depois, hoje instrutora de academia em horário integral, Linda afirma:

> Foi, sem dúvida, a decisão certa. Agi com lógica e sabia dos benefícios e dos problemas. Sabia que raramente a grama é mais verde em nosso quintal e, assim, fiz planos no sentido de moderar minhas expectativas, dando

um passo por vez, trabalhando como contratada antes de abrir minha academia. É realmente uma curva de aprendizado criar uma marca, um *site* e encontrar uma base de onde conduzir o empreendimento, até, por fim, recrutar profissionais. Mas vale a pena, porque cuido de minha saúde e da saúde dos outros, e quero me manter em forma. Tenho verdadeira paixão por isso. Digo a qualquer pessoa que tenha esse impulso: quando sente que deve sair de algo e mudar o foco, faça isso, na certeza de que é o certo e corresponde àquilo que você quer ser.

O nível seguinte

Agora que você teve a chance de praticar a navegação pelo Ponto de Escolha e providenciar reprogramações quando forem necessárias, nós lhe mostraremos como usar essa habilidade para colaborar com os outros e alcançar uma meta compartilhada.

Sabemos que, quando duas ou mais pessoas imaginam juntas, trabalham em uma meta juntas e usam o LAP e o SLAPP juntas, a criatividade vem à tona, e a paixão é acionada, resultando em uma mudança com propósito e significado. Por isso, desenvolvemos um modelo que expande o treinamento com imagens e toda sua magia para além do indivíduo e alcança o coletivo. Nos seis primeiros capítulos, você focou na voz dentro de sua cabeça. Agora é o momento de focar nas vozes fora dela, ou seja, nas vozes de seus grupos e de sua comunidade. É hora de ampliar a si próprio, mas também seu impacto no mundo.

PARTE III

Ir Além

CAPÍTULO 7

Treinamento de Imagens Aplicadas a Grupos

Os bons grupos tornam-se ótimos quando os membros confiam uns nos outros a ponto de trocarem o "eu" pelo "nós".
- PHIL JACKSON

Embora a era digital nos tenha deixado mais conectados, sentimo-nos mais desligados do que em qualquer outra época. Em nosso mundo moderno, incentivar a aproximação humana em todos os níveis é mais que essencial; é urgente, se quisermos vencer os desafios globais que enfrentamos. Além do uso para o desempenho pessoal, o FIT pode ser aplicado para cultivar contatos, colaboração e inovação em grupos. Aplicar imagens em grupos é mais difícil, porque exige que desenvolvam sincronicidade, clareza e responsabilidade. Antes de chegarem a esse ponto, os grupos precisam definir a *vantagem da equipe*, isto é, o que os faz únicos no caminho para alcançar a mesma meta, e lapidar essa definição à medida que desenvolvem processos deliberados de imagens, a fim de criarem planos e intenções que culminem em ação.

Assim como na jornada de imagens pessoais, o trabalho com Imagens em Grupo envolve a superação do *status quo* da mente humana. Implica transcender o jeito ultrapassado de agir, escavar mais fundo até estabelecer metas, valores e propósitos compartilhados e definir o modo como tudo isso influenciará o desempenho individual em uma cultura coletiva.

O FIT foi criado originalmente para um profissional que trabalha com um cliente. Se você é *coach* ou terapeuta com clientes particulares, ou se já teve um, entende que o trabalho com grupos é diferente daquele com uma única pessoa. Quando Jonathan adaptou, pela primeira vez, o FIT para Grupos, não usou uma turma de estudantes universitários, como é a norma na pesquisa acadêmica. A transição que fez para o trabalho de grupos foi por meio de um time de futebol britânico com longo histórico de derrotas, apesar de ter um técnico perseverante e experiente chamado Bryan.

O time de Bryan já havia perdido sete jogos consecutivos quando ele resolveu telefonar para Jonathan. A frustração era grande, e o técnico esgotara todas as táticas tradicionais para ajudar os jogadores a vencerem o obstáculo mental de lidar com a derrota e sair da sequência de perdas. A raiz do problema parecia estar no campo mental/emocional, pois, em termos técnicos e táticos, o time era excelente. Os jogadores tinham as habilidades para vencer, mas não atuavam com sincronia.

Bryan escolheu o local onde ele e Jonathan se encontrariam: uma cafeteria mal iluminada. Não era do tipo moderno e agitado, mas, sim, um daqueles cafés da velha guarda, simples, com aroma de torradas queimadas e grãos de café forte. Jonathan mal reconheceu Bryan da pesquisa que fizera no Google aquela manhã, mas por fim o viu sentado em um canto discreto. Bryan usava camisa polo, jeans e um boné puxado para encobrir parte do rosto, como se fosse um agente disfarçado.

Quando começaram a conversar, Bryan foi direto ao ponto, e sua mensagem era clara. "Não lhe pagarei nada se não vir resultado", disse. "Você tem até o fim da temporada, e, se nos ajudar a subir nas classificações, farei valer a pena."

A maioria dos jovens universitários, soterrada sob o peso de uma dissertação, diria: "Não, obrigado". Todavia, quem conhece Jonathan sabe que ele adora um bom desafio.

Ele bebeu o café e fez uma longa pausa para controlar o batimento cardíaco.

"Tudo bem", disse. "Pode ser um capítulo da minha dissertação. Quando posso começar?"

Começou no dia seguinte.

Naquela temporada, Jonathan fez dezenove sessões, de acordo com as necessidades do time. Focou principalmente nos valores e na visão de cada jogador e nos meios de administrar o estresse e os estímulos, e ajudou cada membro a desenvolver a identidade individual, com sentimento mais forte de pertencer a um time. Essas sessões faziam parte de um programa mais amplo, cujo objetivo era melhorar a comunicação e criar um legado do qual os jogadores pudessem se orgulhar. Jonathan trabalhou um total de oitenta e duas horas com cada jogador, ou com pequenos grupos (até quatro), ensinando imagens e desenvolvendo sinais compartilhados capazes de encorajar a comunicação e melhorar o esforço nos momentos mais difíceis.

Após a primeira sessão em grupo, que durou quase duas horas, o time ganhou catorze jogos consecutivos e alcançou o terceiro lugar na liga. Em decorrência disso, foi promovido. Jonathan tornou-se diretor de pesquisas do clube. Ele não aceita o crédito pelo sucesso do time. Não selecionou os jogadores, não participou dos esquemas do jogo e nem sequer entrou no estádio. Os jogadores e o técnico se esforçaram muito, e Bryan era um líder aberto a aprender novas maneiras de reimaginar funções, comunicação, tática e trabalho em equipe.

O time mudou sua cultura. Apesar do desconforto, eles criaram uma atitude contagiante de vencedor, desafiaram as próprias crenças e agiram de acordo com o que aprendiam. E, sempre que se deparavam com um obstáculo, usavam imagens para encontrar soluções juntos, imaginando como seria a competição, como poderiam aproveitar seus pontos fortes e desenvolver um plano no jogo, e elaboraram meios de reagrupar e reprogramar sob pressão. O time experimentou e descobriu novos modos de se comunicar e valorizar cada membro. Tornaram-se criativos e se sentiram empoderados e conectados. Ter uma meta compartilhada e trabalhar em harmonia com o uso de imagens se tornaram, para eles, a vantagem da equipe.

Desde o trabalho com esse time de futebol, adaptamos o FIT para uso com outros grupos esportivos, mas também com militares, estudantes, professores e equipes corporativas. Os ventos nem sempre foram favoráveis. Quando usamos o FIT com um indivíduo, a empatia entre o profissional e o cliente costuma ser rápida. Sentamo-nos de frente para a pessoa e temos uma conversa franca, na qual examinamos seus valores, sua predisposição mental e suas atitudes; assim, podemos ajudá-la a focar em uma meta pessoal específica como pré-requisito, antes de começarmos o treinamento das imagens. Esse processo fica mais difícil quando um único *coach* trabalha ao mesmo tempo com cinco pessoas – ou uma centena delas. Não só há mais restrições por causa de menos tempo individual como cada participante tem personalidade única e as próprias habilidades com imagens. Por essas razões, a estrutura básica do FIT para grupos é a mesma do FIT individual, mas o processo é diferente.

Adaptamos a abordagem do FIT pessoal – entrevista motivacional com imagens, na qual as pessoas calibram seus valores essenciais e os utilizam para criar metas específicas – para uma versão de grupos que chamamos de Imagens Aplicadas à Motivação (*Applied Imagery for Motivation*, ou AIM).[1]

Enquanto o LAP e o SLAPP são técnicas individuais que resultam na substituição de um pensamento intrusivo por outro voltado à meta, o objetivo geral do AIM é se colocar no lado certo do Ponto de Escolha, *antes de começar* as tarefas. Com essa finalidade, usamos as Imagens para Grupos em um planejamento detalhado.

Já usamos o AIM em grupos e alcançamos o mesmo nível de sucesso obtido no FIT para indivíduos. Ao compararmos nosso modelo AIM com o uso da entrevista motivacional como único recurso em grupos, percebemos que o AIM foi quatro a cinco vezes mais eficaz para promover uma mudança duradoura de comportamento com resultados de melhor desempenho e boa saúde, por exemplo, a prática regular de exercícios físicos.[2] O AIM é especial para nós, e refinamos nossa abordagem para trabalhar em grupos dos mais variados setores, desde as Forças Armadas até a educação. Seja qual for a forma de praticá-lo, os elementos fundamentais e os processos são os mesmos.

Com grupos, a meta compartilhada é sempre o foco, e as imagens constituem o meio pelo qual se evocam motivação e compromisso. O AIM opera em cinco segmentos: Calibragem do Grupo, Definição da Meta Compartilhada, Imagens em Grupo, Pôr em Prática e Processo de Reavaliação.

O diagrama a seguir ilustra esses passos. Quando um grupo completa um ciclo, geralmente surge a necessidade de experimentar outro, adicional, por causa de mudanças na equipe ou da alteração de metas. Esse ciclo de "enxaguar e repetir" continua até o grupo chegar a um destes dois resultados: redefinir uma meta compartilhada por reconhecer que a inicial é inalcançável ou alcançar a meta.

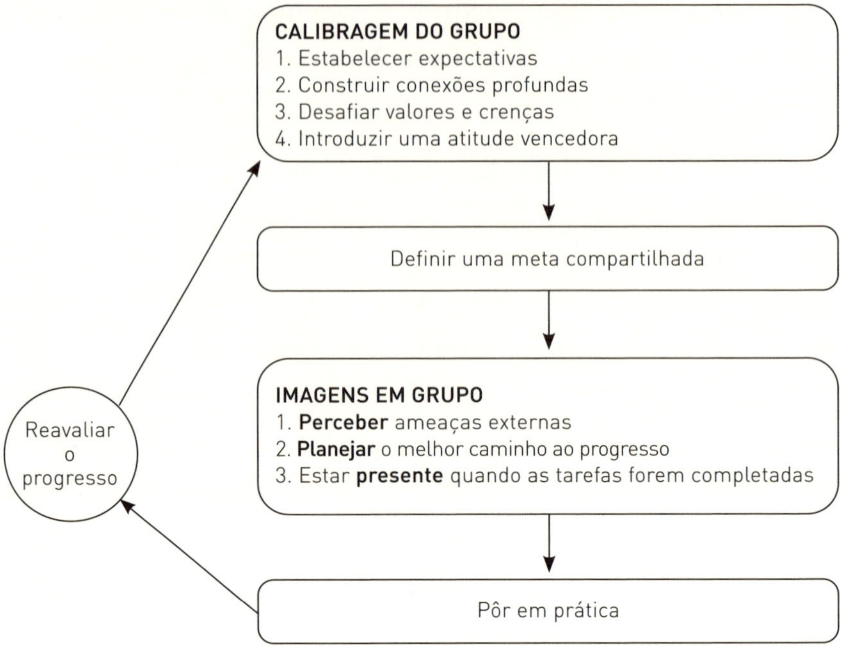

Segmento 1: Calibragem do Grupo

Jamais devemos apressar a definição de uma meta compartilhada. Precisamos, antes, estabelecer bases fortes para nossa construção e explorar as motivações. É o que chamamos Calibragem do Grupo. Um processo extenso, mas, quando tratamos de metas particularmente grandes, organizacionais, de longo prazo, pular essa fase seria como tentar erguer um edifício com um milhão de cartas de baralho.

Antes de ajudarmos um grupo a criar uma meta compartilhada, trabalhamos com os membros nos quatro elementos fundamentais, em quatro *workshops* separados. *Estabelecemos expectativas* para criar o ambiente e delinear os requisitos do grupo. *Construímos conexões profundas* para melhorar a comunicação e o sentido de pertencimento. Em seguida, *desafiamos valores e crenças*, pois esse é um passo que ajuda o grupo a aprofundar os vínculos, definindo a personalidade da equipe, e *introduzimos a atitude de vencedor*, que aumenta a percepção e a motivação interpessoais.

Elemento fundamental 1: estabelecer expectativas

Os seres humanos são criaturas sociais: tentamos compreender o mundo à nossa volta e nos enquadrar nele. Expectativas claras criam normas sociais, que são componentes importantes de um grupo que funciona bem. As normas sociais, por sua vez, proporcionam sensação de segurança. Nos cursos universitários de assistência social, como os da Universidade de Nova York, onde Jo estudou, os professores ensinam os alunos, no primeiro dia, a comunicar regras logo no início de um trabalho em grupo. Forma-se, assim, a base para tudo o que vier depois. Eis um exemplo de cinco regras básicas que se aplicam a quase todos os grupos ou times: (1) começamos na hora marcada, (2) o que for discutido no grupo fica apenas no grupo, (3) só uma pessoa fala por vez, (4) respeitamos opiniões diferentes, (5) compartilhamos a responsabilidade pelo bom funcionamento desse grupo.

Desde um matrimônio até um empreendimento comercial, se você não estabelece expectativas claras ao iniciar, provavelmente terá conflitos e dificuldades de comunicação. Se estiver na mesma reunião de seus colegas de equipe, porém suas expectativas forem maiores ou menores que as das pessoas ao redor, você se sentirá frustrado. Nunca *suponha* que todos concordam com seu parecer. E saiba que aquilo que demonstra determina o que os outros esperam de você. Os pequenos detalhes contam; tudo, desde suas roupas até suas piadas, cria uma expectativa. Tome muito cuidado com a primeira impressão. As primeiras impressões duram muito porque são registradas primeiro no banco de imagens e pintam um cenário das futuras reuniões.

Elemento fundamental 2: construir conexões profundas

Você já participou de uma atividade de formação de equipe? Aquela em que as pessoas começam quebrando o gelo, depois se dividem em pequenos grupos, com um moderador que orienta os participantes em alguns exercícios que supostamente fortalecem os vínculos entre os colegas? Quando começamos a aplicar o modelo FIT em grupos, éramos essas pessoas: os moderadores que traziam as tarefas de valor, os exercícios de formação de equipe e jogos para gerar conexão. Mas descobrimos que essas estratégias não eram tão eficazes como as ocasiões em que envolvíamos as pessoas em conversas significativas com nosso modelo FIT original. Alguns exercícios de formação de equipe que conduzimos, particularmente nos ambientes corporativo e educacional, não geravam a menor empatia.

Por exemplo, fizemos exercícios em que os grupos tinham de atravessar um rio imaginário com objetos específicos, construir a torre de espaguete mais alta com um *marshmallow* no topo e orientar colegas com os olhos vendados por um labirinto. Essas tarefas melhoravam a comunicação entre os membros do grupo para o trabalho do momento, mas não aumentavam a empatia. Construíam apenas o que chamamos de conexão irrisória.

Passamos para outro exercício no qual os participantes compartilhavam, em pares, a meta de aprofundar o nível de conexão de irrisória para significativa. Pedimos aos pares que falassem sobre coisas que tinham em comum (por exemplo, nós dois temos cachorros), mas estranhamente essa tarefa deixava as pessoas menos inclinadas a compartilhar suas crenças. O processo de imagens compartilhadas só funciona quando há conexões significativas. Então, mudamos de abordagem.

Daniel Coyle, autor e consultor de desempenho esportivo e empresarial, deu ao processo de criar conexões significativas o nome de *loop* de vulnerabilidade. Todas as pessoas envolvidas em construir a conexão – incluindo o profissional – devem compartilhar algo que revele certo grau de vulnerabilidade. O *loop* de vulnerabilidade cria abertura, a qual acomoda conexões profundas.

Jo compreendeu o poder da vulnerabilidade de maneira inédita, na tentativa de criar confiança em grupos, após se oferecer para palestrar na Central High School, um colégio em Miami. O que ela esperava ser um evento único tornou-se uma jornada de quatro anos.

Em 2008, aquela escola era uma das piores de ensino fundamental e médio em Miami. Recebera várias notas negativas do estado da Flórida e pairava sobre ela a ameaça de ser fechada. Os alunos se sentiam negligenciados e abandonavam seus sonhos. Com base no que viam ao redor, acreditavam que a única saída da pobreza era se tornar astro do futebol americano.

Jo ficou tensa assim que se aproximou da escola. Cercada por arame farpado, parecia mais uma prisão que um colégio. Jo fora à Central High School por solicitação da Switchboard de Miami, organização sem fins lucrativos que oferece aconselhamento e outros serviços a adolescentes em risco e na qual Jo trabalhava como voluntária. Visitou a escola como palestrante convidada para um grupo de estudantes LGBTQIA+. Jody Dempsey, coordenadora do projeto Switchboard, encontrou-se com Jo na guarita de segurança e a conduziu pelos corredores lúgubres, pintados de um tom azul industrial. De repente, ouviram o sinal, e uma enxurrada de alunos ocupou o corredor, gritando entre si, enquanto os guardas de segurança berravam ordens para se calarem.

Era uma experiência muito diferente da que Jo tivera na escola, um colégio particular católico. Ela duvidava de que tivesse qualquer coisa em comum com os jovens aos quais ia se dirigir, além da homossexualidade, e temia que não fosse suficiente para transpor barreiras de raça e classe.

Ansiosa para sair do corredor repleto de gente, Jo ficou aliviada ao chegar à sala de aula. Quando abriu a porta, a esperança de encontrar refúgio morreu. A sala escura e fria era grande demais para uma reunião íntima de estudantes que deveriam compartilhar histórias pessoais. Cheirava a mofo, e o teto parecia prestes a cair após anos de desgaste, por causa de goteiras nunca consertadas.

Enquanto Jody distribuía formulários de presença, Jo conteve o desejo de correr de volta ao carro, concentrando-se na respiração. Jody a apresentou como a nova líder daquele grupo. Ela sentiu um frio maior ainda no estômago. Dissera a Jody antes que ia pensar em coordenar o grupo, mas ainda não se comprometera. Esperava dar uma única palestra, não conduzir um *workshop*. Ficou apavorada. A única coisa que a impedia de desabar era o medo: achava que os adolescentes a comeriam viva se detectassem sua vulnerabilidade.

Jo se forçou a falar. Disse aos jovens que era homossexual, tinha uma parceira e era mãe de dois meninos. Contou-lhes sobre a dificuldade de sair do armário, tendo de lidar com a própria aceitação, bem como a dos amigos e da família. Em vez de se esconder em segurança, permitiu-se ser franca e vulnerável na apresentação aos alunos, que a escutavam e se identificavam com suas palavras. Jody perguntou se alguém queria dizer alguma coisa. A primeira pergunta veio de uma garota na fileira do fundo.

"Você é *gay* pura ou *bi-lezzy*?"

Jo não tinha ideia do que significava a expressão. A aluna explicou: *gay* puro significa cem por cento *gay*, e *bi-lezzy*, bissexual.

"Não sei", Jo disse. "Não fiz o exame de sangue ainda." A sala explodiu em gargalhadas. No mesmo instante, ela se sentiu menos tensa. E aproveitou a oportunidade para falar sobre rótulos e perguntar por que eles sentiam necessidade de rotular as pessoas. No decorrer das semanas seguintes, Jo continuou a visitar a Central High School e a se abrir com os alunos inspiradores e resilientes em seu grupo. Juntos, quebraram estereótipos e instigaram a autoconfiança dos outros alunos.

Constância e estrutura são essenciais para estabelecer confiança e conexão profunda. Uma das expectativas que Jo estabeleceu logo no início foi a de que só o estudante que segurava a bola podia falar. Como a viam andar pelo *campus* segurando uma bola de praia, inspetores e professores presumiram que fosse professora de educação física. Jo nunca os corrigiu; era mais seguro assim para os alunos e para ela mesma. Apesar do anonimato geral, alguns estudantes sofriam *bullying* e apanhavam ao sair da sala ou no caminho de volta.

De qualquer forma, o grupo mais que dobrou de tamanho: de vinte para quase cinquenta meninos e meninas em dois anos. O nome mudou de Grupo de Minoria Sexual (nome dado pela Switchboard) para Adolescentes Fortes (escolhido pelos alunos). Era um espaço seguro e saudável.

Quando Estrella entrou para o grupo, era totalmente fechada e quieta. Chegou usando óculos escuros e boné de beisebol virado para trás. Durante uma semana, sentou-se afastada dos outros, com a cadeira voltada para a porta. Jo a deixou quieta e reclusa, na esperança de que um dia se sentisse à vontade para contar sua história. E, quando finalmente ela se abriu, todos os olhos se encheram de lágrimas. Estrella tornou-se uma líder admirada pelos demais alunos. Aos poucos, revelou um senso de humor descontraído, que contagiava de ânimo o grupo inteiro. Sua vulnerabilidade dava aos outros permissão de serem vulneráveis também. Embora as atividades variem, a meta final – desenvolver conexão profunda – é a mesma, seja no trabalho com jovens em idade escolar, seja com militares, times esportivos ou equipes corporativas. Em todos os contextos, a vulnerabilidade constrói conexões profundas.

No trabalho de Jo com os alunos, essa conexão profunda levou meses para se desenvolver. Nem sempre temos a vantagem do tempo quando trabalhamos com militares, esportistas ou organizações. Nesses grupos, pedimos aos membros que citem sua música de karaokê favorita e cantem um verso diante do grupo. Alguns, entusiasmados, cantam mais de um. As músicas mais ouvidas, do terceiro para o primeiro lugar, são *Wonderwall*, de Oasis; *Living' on a Prayer*, de Bon Jovi; e *Don't Stop Believin*, de Journey. Claro que algumas pessoas não têm músicas de karaokê específicas no momento; mas certamente, até o fim da tarefa, aparece uma. Cantar um verso de sua música preferida não é o mesmo que descrever suas experiências mais pessoais, íntimas e, às vezes, traumáticas, porém faz você se sentir vulnerável. E o que importa é a vulnerabilidade.

As tarefas de vulnerabilidade desenvolvem conexões profundas, e, quando estas são estabelecidas entre os indivíduos, eles se tornam mais propensos a pedir ajuda aos colegas. Depois de conduzirmos a atividade de karaokê entre os soldados, a equipe de treinamento relatou que as tropas começaram a fazer mais perguntas aos companheiros com base no aprendizado; antes, não se comunicavam em relação às tarefas difíceis. Os soldados pediam ajuda nos deveres mais desafiadores, como aprender a navegar no escuro, nadar carregando equipamento pesado, recuperar-se após um exercício intenso e lidar com o estresse. Essas conversas são acrescidas ao *loop* de vulnerabilidade (você compartilha, eu compartilho), que melhora a comunicação e proporciona sucesso no desempenho.

A vulnerabilidade, o sentimento de ficar exposto ao se abrir e falar com sinceridade, é incentivada quando você compartilha com as pessoas ao redor algo pessoal fora de sua zona de conforto. Esse "algo" pode ser simples, como descrever uma ocasião em que você não alcançou uma meta importante, por exemplo, não foi escolhido para um cargo almejado. Essa fase inicial envolve as pessoas em uma conversa geral, mas o mais importante é que determina o tom para que os membros do grupo se sintam seguros o suficiente para compartilhar metas realistas (e valorosas), discutir a respeito dos obstáculos e das dificuldades e desenvolver amizades. Ambientes seguros criam uma base sobre a qual podem ser construídas culturas de alto desempenho.

Enquanto as conexões profundas ajudam os membros de um grupo a se inter-relacionarem, a definição e a aderência aos valores do grupo e da organização proporcionam identidade grupal e sensação de pertencimento.

Elemento fundamental 3: desafiar valores e crenças

Feito o trabalho fundamental de criar vínculos e estabelecer expectativas em seu grupo, você pode explorar e desafiar valores e crenças. Nessa fase, usamos tarefas de desempenho como aquelas elaboradas por William Miller (que desenvolveu a entrevista motivacional) e seus colegas. Foi distribuída a cada grupo de cinco a dez pessoas a mesma lista de oitenta e três valores do capítulo 2 deste livro. Cada grupo separa os valores igualmente em três colunas, com base em suas preferências: grande importância para nós, relativa importância, sem importância.

No capítulo 2, você identificou seus valores pessoais usando um método semelhante. Enquanto completam esse exercício em grupos, as pessoas debatem a importância de cada valor com os demais membros, até chegarem a uma decisão unânime de onde colocar o valor nas colunas. Essa discussão expõe as crenças dos outros membros quanto aos valores que tentam justificar. Se uma pessoa crê que determinado valor é importante, provavelmente tentará defendê-lo; contudo, se não tiver importância, nada fará. Quando cada grupo alocar os oitenta e três valores nas respectivas colunas, a próxima tarefa será classificar os dez valores mais e os dez valores menos importantes e compartilhar as listas com os outros grupos.

Certa vez, quando trabalhávamos com quarenta e sete executivos, dividimos o contingente em dez subgrupos, de mais ou menos cinco pessoas cada, e pedimos que completassem a tarefa dos valores. Depois, cada subgrupo tinha de revelar seus dez valores mais importantes. Sempre encontramos semelhanças entre os subgrupos, como família e saúde, mas nosso maior interesse é pelos valores que podem ser postos em prática no grupo. Caso um dos valores do grupo seja a saúde, perguntamos aos membros se eles têm estilo de vida saudável quando trabalham juntos, por exemplo, se comem alimentos saudáveis na hora do almoço ou fazem exercícios antes do trabalho. Quando conversamos sobre a importância de pôr em prática valores do subgrupo, em contraste com as consequências de não agir em alinhamento com os valores declarados do grupo, podemos definir quaisquer conflitos em áreas onde os valores não sejam traduzidos como parte das ações diárias.

Cientes dessas incongruências, os membros dos subgrupos geralmente começam a desenvolver meios de prestar apoio mútuo no sentido de alinhar valor/comportamento. Esses subgrupos desenvolvem um vínculo entre os membros quando localizam os hiatos entre valores e ação e discutem sobre onde devem ser feitas mudanças coletivas. Nesse ponto, os membros do grupo cultivam incentivos compartilhados que encorajam o alinhamento com valores e ação.

Quando fazemos a tarefa de valores com subgrupos separados em uma organização (por exemplo, marketing, operações, vendas etc.), focamos em duas áreas: *valores comuns* (compartilhados entre os subgrupos) e *valores distintos* (menos comuns, mas também compartilhados entre os membros de um subgrupo). Primeiro, salientamos os valores comuns e distintos e, em seguida, nos concentramos em fundir os valores em ações, o que ajuda a organização inteira a criar personalidade própria: o modo como todos os valores são postos em prática por cada funcionário.

O primeiro passo é saber em que os membros de um subgrupo são semelhantes; o segundo é determinar as distinções nos subgrupos ou por que cada membro desse grupo é especial para todos os outros.

No fim de cada sessão de grupo, compilamos os valores de todos os subgrupos em uma lista, resultando em algo parecido com a nuvem de palavras a seguir. Quanto maior a fonte da palavra, mais importante aquele valor entre os vários subgrupos.

No exemplo apresentado anteriormente, saúde é o valor comum dos grupos em geral e, portanto, também sua conexão na organização. Os valores distintos de equilíbrio e aventura, que aparecem em fonte pequena, demonstram que os membros de um grupo específico têm conexão particular entre si.

Fato importante, cada grupo tem personalidade própria, ou seja, um modo de utilizar seus valores no dia a dia. Embora a personalidade única de cada grupo seja individual aos seus membros, deve se sustentar nos valores organizacionais aliados à missão da empresa.

De modo geral, a missão de uma empresa é vender um serviço ou um produto, mas ela também pode ter nuanças. A rede de restaurantes Sweetgreen imprime seus valores essenciais e os afixa em cada loja, para que todos os funcionários e clientes possam ver. O comunicado diz: "Ganhar, ganhar, ganhar: criar soluções nas quais o cliente ganhe, a comunidade ganhe e a empresa ganhe; pensar sustentável; tomar decisões que vivam mais tempo que você; concentrar-se no real; cultivar comida e relacionamentos autênticos; adicionar um toque doce para criar conexões significativas todos os dias; gerar impacto; deixar as pessoas melhores que quando você as encontrou; viver uma vida feliz e celebrar sua paixão e seu propósito". Os valores do Sweetgreen refletem-se na comida que servem e no *layout* das lojas.

Pessoas e grupos nas organizações tentam se conectar com a cultura organizacional e, ao mesmo tempo, encontrar sua personalidade exclusiva. Os valores acomodam o jeito de um indivíduo ver sua realidade e imaginar o futuro, o que influencia seu comportamento. Portanto, os valores moldam as crenças. A missão idealista do Sweetgreen é definir a maneira como a organização quer que os funcionários pensem (por exemplo, de forma sustentável) e se comportem (por exemplo, o cliente ganha). Valores e crenças montam o cenário, e, quando uma pessoa é contratada para trabalhar na empresa, já conhece a cultura. Mesclar as crenças (expectativas imaginadas) à realidade (o que acontece no primeiro dia) pode resultar em uma desconexão se, por exemplo, a empresa falhou em demonstrar sustentabilidade.

A maioria dos grupos em uma empresa tem consciência da necessidade de criar sua personalidade exclusiva baseada em valores e mescla-a à missão organizacional e à sua meta. A parte complicada disso é dedicar cada ano à completude dos exercícios de valores. Os membros do grupo podem mudar, as metas se alteram, e os valores talvez fiquem ultrapassados. Flexibilidade e abertura para valores em evolução e a constante dedicação de tempo aos valores atuais são as duas coisas que fazem uma boa empresa ser excelente.

Jamie Rosenberg, CEO da ClassWallet, plataforma inovadora de administração de despesas para os distritos de educação pré-universitária espalhados pelos Estados Unidos, é um de nossos clientes. A equipe da ClassWallet tem plena ciência de sua missão: desenvolver tecnologias inovadoras (valor comum) e apresentar soluções sem uso de papel, a fim de promover a sustentabilidade (valor comum). Seu valor distinto é a gratidão. Como descrevemos no capítulo 4, para converter gratidão em ações e inseri-la na personalidade da empresa, a organização perguntou a todos os colaboradores se queriam ter uma chamada semanal de gratidão para discutir uma vitória, geralmente o que alguém fez para vencer um desafio, e alguma coisa pela qual se sentiam gratos, por exemplo, o apoio de um dos membros do grupo. Todos concordaram. Essa chamada semanal acontece toda sexta-feira (ação constante) e tem sido parte essencial da cultura da empresa desde o início. Nesse caso, os valores organizacionais mesclam-se verdadeiramente aos valores do grupo, criando expectativa e crença quanto ao modo e ao motivo pelos quais a organização se atenta para a importância de dizer "obrigado". Os valores do indivíduo, do grupo e da empresa combinam entre si e resultam em uma cultura organizacional congruente. Expectativas e crenças levam a ações.

Elemento fundamental 4: introduzir uma atitude vencedora

Já trabalhou em um grupo no qual tudo dava certo e você se sentia perfeitamente valorizado? Pode ter sido um time esportivo, quando você era adolescente, ou uma organização na qual tinha de resolver problemas difíceis, ou talvez até uma competição em família durante as férias. Pense nesse grupo e em como se sentia por fazer parte dele. Como era a cultura? O detalhe estranho é que, provavelmente, vocês não se sentavam à mesa para completar uma tarefa de identificação de valores ou discutir clareza nas funções. O mais provável é que simplesmente os membros "se entendiam", e, como um quebra-cabeça, as peças se encaixavam. Pense na atitude do grupo – positividade e energia – em relação à meta e a cada membro. Atitude positiva é contagiante e vital, pois nos motiva como indivíduos e membros de uma equipe.

Agora pensemos em um grupo diferente, de que você não gostava de fazer parte e no qual nada combinava; na realidade, uma pessoa ou várias tinham atitudes abertamente negativas. Talvez estivessem de mau humor e não quisessem cumprir determinadas tarefas ou sempre enxergassem problemas em cada solução. Como essa atitude ruim impactava o grupo e você? Como transcorria a tarefa? De novo, afirmamos: atitudes contagiam e podem influenciar a motivação e o desempenho em um ou outro sentido.

Todos nós temos dias péssimos, quando sucumbimos a uma atitude ruim, e todos nós vivemos períodos na vida em que as coisas não saem de acordo com os planos. Podem existir momentos em que sua postura é negativa e seu estado de espírito se deprime. Isso é normal e, às vezes, aceitável. Prepare-se para esses tempos turbulentos desenvolvendo uma *linguagem universal* que todas as pessoas compreendam.

Uma linguagem universal pode ser verbal ou não e é uma maneira de todos poderem comunicar sua atitude presente em relação a uma tarefa desafiadora. Pode ser uma palavra desencadeadora que indique atitude, um gráfico de humores que ilustre os sentimentos ou um gesto que implique positividade/negatividade. A linguagem universal impede o grupo de se contagiar com uma atitude ruim, aumenta o entendimento e a conexão e ajuda cada membro a encontrar motivação.

No esporte, é comum encontrarmos mudanças de atitude quando um time começa a perder. Os técnicos usam uma linguagem de atitude universal, palavras do tipo "hora de relaxar e reposicionar", que significam "controle a emoção e verifique sua posição tática no campo/na quadra". Às vezes, as pessoas usam cores para descrever seu estado de espírito, em expressões como "minha aura está cinza", indicando espírito deprimido. Quando trabalhamos com clientes que desejam perder peso, eles podem utilizar um gráfico de humores e inserir um emoji, assim: ☺

O ato de simplesmente conversar sobre as atitudes dos membros do grupo em relação a uma iminente tarefa difícil também é uma maneira de estabelecer expectativas coletivas.

Pedimos a um grupo de liderança escolar que classificasse sua atitude em tarefas, como reuniões, em uma escala de 1 (pior atitude) a 10 (melhor atitude). No fim da tarefa, eles classificaram também o esforço despendido, de 1 (nenhum esforço) a 10 (todo o meu esforço). O grupo constatou que o ato de focar em atitude deixava todos mais otimistas, o que significava que os pontos eram altos nas tarefas. Além disso, o esforço depois da tarefa era mais alto em todos os casos. A equipe de liderança descobriu tanto valor na tarefa de atitudes que acabou desenvolvendo um programa "atitude importa" para a escola inteira, no qual os professores usam linguagem universal pedindo aos alunos que "verifiquem as atitudes" antes de iniciar uma lição.

A atitude certa coloca você na linha de partida com energia e entusiasmo. O que você faz ao cruzar essa linha depende da importância da meta compartilhada e do propósito. Com essas bases estabelecidas, estamos prontos para iniciar o processo de definir metas.

Segmento 2: Definir uma meta compartilhada

Em seguida, o grupo trabalha em conjunto para definir uma meta compartilhada, em sentido amplo, e discutir seu propósito e significado, os quais devem estar alinhados aos valores do grupo. Nesse momento, não ensinamos imagens; apenas pedimos aos grupos que conversem sobre a meta e justifiquem por que ela é importante. Uma meta compartilhada pelo grupo geralmente é longa, de um ano para mais, e pode variar desde o aprimoramento de capacidades tecnológicas até a conversão para a neutralidade de carbono, ou a vitória em um campeonato, ou, ainda, a descoberta de patrocinadores ou investidores que façam a organização crescer e a promovam.

Muitas organizações têm esta meta: fazer dinheiro. O que difere é o modo como cada uma delas motiva os funcionários a permanecerem comprometidos e empenhados nos alvos da empresa. Avison Young, imobiliária comercial global, tem a meta clara de atingir a neutralidade de carbono até 2030. Eles sabem que o sucesso depende da cultura da empresa e do envolvimento dos funcionários. O grau em que alcançarem o nível neutro de emissão de carbono equivalerá aos esforços dos empregados nesse sentido. Assim, a filial da Avison Young no Reino Unido desenvolveu um curso informativo sobre carbono, aplicado várias vezes e acessível a todos os trabalhadores da empresa. Em cada apresentação, os empregados presentes tinham autonomia para escolher uma meta compartilhada do grupo, desde as mais gerais até as mais focadas. A primeira meta compartilhada era tornar-se pessoalmente responsável pela sustentabilidade. Essa postura exigia passos como reciclar, limitar o desperdício de alimentos e desligar os aparelhos quando não estavam sendo usados. Em duas semanas, o grupo descobriu uma nova meta e um novo propósito: cada membro procuraria outra pessoa na organização que não completara o curso e a inspiraria a se comprometer com um comportamento sustentável.

Metas compartilhadas autoadministradas tornam-se contagiantes quando têm conexão cultural na empresa que valoriza a mesma meta. O propósito compartilhado costuma transcender a organização e passa para a vida pessoal. Quando trabalhamos com organizações, reconhecemos que muitas lições aprendidas em *workshops* corporativos podem ser aplicadas fora do ambiente profissional. Mesmo assim, tentamos manter o foco no local de trabalho e desenvolver um ambiente que priorize o aprendizado enquanto encoraja o alto desempenho.

Segmento 3: Imagens em grupo

Para explorarmos como alcançar a meta compartilhada, ensinamos Imagens em Grupo. Desenvolvemos, então, o método dos 3 P's: *perceber* ameaças externas, *planejar* a melhor rota para o progresso e estar *presente* ao completar as tarefas. O processo dos 3 P's é análogo ao uso individual do FIT, conforme explicado no capítulo 5, resultando no LAP: localizar sinais, ativar as imagens, perseverar na tarefa. A diferença é que, no trabalho com grupos, precisamos de uma abordagem coletiva.

Os membros de um grupo não trabalham necessariamente com sinais individuais para se posicionarem do lado positivo de um Ponto de Escolha. Portanto, para impedirmos que todos se dispersem por caminhos separados, ensinamos ao grupo imagens que eles possam usar como guias em meio aos variados cenários de planejamento, nos quais selecionam a melhor ação a ser tomada. Esse planejamento engloba reprogramação em grupo. As Imagens em Grupo resultam em demarcadores específicos estabelecidos e aceitos por todos do grupo, com o intuito de aumentar a clareza das funções. Depois, o grupo deve *pôr os valores em prática* (segmento 4). O processo AIM aprimora a comunicação no grupo usando Pontos de Escolha como oportunidades para discutir desafios e obter apoio. Isso ajuda o grupo a perseverar e resulta em maior probabilidade de sucesso.

Sendo *coaches* de um grupo nesse processo, com o objetivo de propiciar o ambiente certo para o aprendizado, começamos pelas três regras básicas do uso de Imagens em Grupo.

Regra 1: colaboração. Todo membro do grupo participa da discussão, e, em harmonia, o grupo define uma meta compartilhada.

Regra 2: **autonomia.** O time planeja em conjunto e concorda com um plano de ação. Todos aceitam as respectivas funções por livre e espontânea vontade.

Regra 3: **domínio.** Cada membro se responsabiliza por seu progresso pessoal. Se você não sabe, pergunte. É assim que se aprende.

Estabelecidas essas três regras, passamos para os 3 P's.

Passo 1: perceber ameaças externas

É aí que identificamos ameaças de concorrentes ou outros fatores ambientais, como condições econômicas. Esse passo costuma ser conduzido por um especialista no tema; ele define o cenário e identifica as ameaças. As pessoas se imaginam no lugar do concorrente e tentam ver o mundo sob um ponto de vista diferente. O uso de imagens multissensoriais permite aos grupos explorar o que os concorrentes podem fazer, com base nos dados e nos conhecimentos disponíveis. Em seguida, cada membro do grupo descreve sua percepção da ameaça externa.

No mundo empresarial, talvez você tenha feito algo semelhante ao que se chama análise SWOT, sigla em inglês para ***S****trengths* (Forças), ***W****eaknesses* (Fraquezas), ***O****pportunities* (Oportunidades) de crescimento e ***T****hreats* (Ameaças) enfrentadas. A principal diferença é que aqui focamos nas ameaças externas; além disso, usamos imagens. Andamos mais devagar e imaginamos as forças, as fraquezas, as oportunidades do *concorrente* e as ameaças que ele enfrenta. Em todo o processo de avaliar cada um dos pontos da análise SWOT, fazemos o grupo imaginar as ameaças impostas pela concorrência, tanto as existentes quanto as potenciais. Usamos imagens para focar em detalhes específicos: "Quais são as forças de nosso concorrente? Vamos imaginá-las na prática". Por exemplo, você pode examinar ameaças ao identificar organizações semelhantes que também vendem para seu público-alvo. No esporte, as ameaças costumam vir dos adversários. Nas Forças Armadas, podem ser as tropas inimigas. Na educação, as ameaças geralmente são escolas ou universidades rivais.

Os grupos escrevem quais são as ameaças e, em seguida, as imaginam na prática. Tentam se colocar na pele da concorrência. A habilidade para perceber ameaças depende da capacidade de mudar de perspectiva, isto é, de enxergar como as coisas podem ocorrer sob o ponto de vista de outro grupo ou de outra organização.

Por alguns minutos, pense em um concorrente e veja-se no lugar dele. Se você trabalha no Google, imagine-se no Yahoo. Se joga em um time clássico, imagine-se agora como jogador de um clube rival. E, se tiver coragem, caso seja de um partido político de direita, imagine-se no partido de esquerda. Seja qual for o adversário escolhido, durante os próximos minutos, mude de perspectiva, e tente fazê-lo sem julgar ninguém.

- Quais são os valores e as crenças do concorrente?
- Quais são suas forças e fraquezas?
- Quais são seus principais obstáculos e como ele pode superá-los?
- O que o motiva e quais são suas ambições?

Esse processo é conhecido como pressuposto de perspectiva: entender o ponto de vista de outra pessoa e seu comportamento, incluindo as reações cognitivas e emocionais. É o primeiro passo no uso das imagens perceptivas, ou seja, imaginar-se na *pele* do outro. Em seguida, você deve imaginar que *se move* na pele do outro conforme a situação. Agora é a sua vez. Sob a perspectiva do concorrente, tente imaginar:

- O que teria de acontecer para ele se tornar líder ou por que ele já é líder?
- Como ele vê o progresso e o sucesso de outras organizações? E como reage a isso?
- Qual será o melhor e o pior cenário para o seu concorrente? Qual é o aspecto, o som, a sensação geral, enfim, desses cenários para ele?
- Como esse grupo/essa equipe/essa empresa se adaptaria no decorrer do ano/da temporada à medida que as situações (mercados, por exemplo) mudam?

Claro que sua percepção na pele do concorrente dependerá da impressão atual que você tem dele e de suas pressuposições a respeito dele. Mesmo assim, se adotar esse ponto de vista, poderá criar uma hipótese do que acontece em cada cenário imaginado. Poderá encenar a situação e ajustar o planejamento de seu progresso. Entretanto, o uso dessa estratégia traz um perigo.

Cuidado com a parcialidade da percepção

Todos nós somos narradores não confiáveis de nossa vida. A percepção é nossa crença acerca de como as pessoas ou as organizações se comportam, com base nas informações de que dispomos. Essas informações podem estar incorretas, mas, mesmo que sejam exatas, o modo de interpretá-las pode ser impreciso, com o risco de comprometer nossa habilidade de alcançar uma meta.

No setor militar, ouvimos muitas histórias de parcialidade na percepção ou de sobrecarga de informações. Unidades militares entram em combate com a noção de que o inimigo provavelmente fará X (suposição), confiantes nas informações da inteligência. No entanto, essa estratégia pode falhar. Um exemplo célebre é o da Guerra Civil dos Estados Unidos. Na Batalha de Chancellorsville, em 1863, o major-general Joseph Hooker, do Exército da União, tinha informações muito superiores às do inimigo, o Exército Confederado. Ele dispunha de mais espiões, emissários e estações sinalizadoras e contava com a tecnologia recém-desenvolvida do balão de observação.

Nesse caso, o excesso de informações provocou uma inferência equivocada do que o inimigo faria, levando o general Hooker a dar mais atenção ao elemento externo que ao interno. Hooker percebeu que o Exército Confederado era pequeno demais para poder se dividir e atacar múltiplos locais das forças da União, que tinham o dobro do tamanho. No entanto, o general confederado Robert E. Lee havia dividido suas tropas não uma, mas duas vezes, para atacar vários locais, o que obrigou os soldados de Hooker a baterem em retirada pelo rio Rappahannock. A Batalha de Chancellorsville é um exemplo de como um foco externo e a parcialidade da percepção podem se unir e resultar em fracasso.

Se quiser evitar essa parcialidade e ter desempenho ideal como grupo, você precisa solicitar opiniões variadas dos membros da equipe. Ouvir perspectivas divergentes é um ato que pode nos tornar imparciais e objetivos. Entretanto, a diversidade é apenas parte do combate à parcialidade. Você precisa também de informações confiáveis e atualizadas e deve ser receptivo a qualquer dado novo. A absorção seletiva de informações só reforça a parcialidade. Portanto, desafie constantemente suas percepções com atitude de vencedor e pergunte: "E se...?".

Além disso, a capacidade de reconhecer que sua percepção ou hipótese inicial pode estar equivocada e necessita de atualização faz toda diferença para o grupo alcançar o sucesso. Apegar-se à própria percepção é sinal de resiliência, mas também pode indicar predisposição mental rígida, se você estiver convencido de que nunca erra e de que suas crenças estão, portanto, sempre corretas.

Se você acha que não consegue enxergar facilmente a perspectiva de outra pessoa, não tenha medo: é possível desenvolver esse músculo. Ao fazê-lo, ampliará também sua inteligência emocional.

Você poderá ter ideia dos conhecimentos do adversário quando tentar sentir a ameaça que impõe a ele, enxergando através do olho mental da concorrência. Então, poderá se aprofundar na ideia do "E se...?". Por exemplo: e se as forças/fraquezas da ameaça se tornassem reais?

A partir daí, é hora de olhar para dentro. Um indivíduo do grupo, geralmente alguém mais experiente, coordena essa sessão detalhando os dados conhecidos a respeito das ameaças, sejam elas outras organizações ou outros grupos, o fator econômico, a tecnologia etc. Os membros do grupo examinam perspectivas pessoais, como "Se X acontecer, qual será nossa reação Y?". Essas perspectivas são discutidas no grupo, e cada membro tem a oportunidade de explicar por que ou como acha que pode ocorrer uma ameaça. Desse ponto em diante, o grupo cria uma lista de possíveis ameaças e dos modos de lidar com cada uma delas. Quanto a nós, insistimos em lembrar aos grupos de que as ameaças são nossas percepções e podem ou não ocorrer conforme as imaginamos.

Quando um grupo compreende a ameaça externa da concorrência (X), surgem oportunidades vindas desse grupo (Y); por exemplo, a ideia de vender o estoque a preços mais baixos que os do concorrente e reinvestir os lucros em um provável produto líder de mercado desenvolvido pela sua empresa. Essas oportunidades geradas internamente vêm da compreensão de prováveis resultados, como se você estivesse jogando xadrez. É preciso analisar os possíveis resultados dos melhores e dos piores cenários, com base em quaisquer decisões tomadas por seu grupo ou em qualquer risco que ele corra. Assim, vocês estarão prontos para desenvolver planos de ação.

Passo 2: planejar a melhor rota para o progresso

Seja qual for o plano de ação, antes mesmo de contemplar a rota para seu resultado desejável – aliás, antes de definir qual seria esse resultado –, você deve imaginar três cenários diferentes: resultado desejável (Plano A), segunda melhor opção (Plano B) e pior cenário possível (Plano Z).

Para cada cenário imaginado, o grupo precisa avaliar o resultado em profundidade, com uma pessoa conduzindo a criação de imagens, isto é, narrando o cenário. Imaginemos que estamos na fase de desenvolvimento de um *headphone* inovador. Observamos o mercado e determinamos quais empresas são as principais concorrentes. Sabemos o que fazem bem e o que não fazem muito bem. Sabemos que não conseguimos competir na questão de clareza de som com nosso produto, mas, sim, com tecnologia médica inovadora, pois contamos com uma equipe de projetistas e desenvolvedores técnicos que desejam criar um produto capaz de medir devidamente o batimento cardíaco, a temperatura e o nível de fadiga por meio de fones de ouvido. Os *headphones*, se usados com frequência, também podem determinar quando uma pessoa tende a adoecer.

Plano A (Resultado desejável)

Vendemos nossos fones de ouvido no setor de saúde e bem-estar. Afinal, a qualidade do som não é tão importante para pessoas que correm e, portanto, ficam ofegantes. Consideramos um lançamento em grande escala nos Estados Unidos. Imaginamos o resultado: o lançamento em 5 de setembro, o *feedback* em massa de nosso público-alvo, as vendas etc.

Plano B (Segunda melhor opção)

Vendemos nosso produto à população em geral, sem especificar qual setor. Fazemos um lançamento semelhante nos Estados Unidos, mas o *feedback* não é grande. Imaginamos o lançamento, o *feedback* sobre o produto etc.

Plano Z (Pior cenário possível)

Não temos muitas vendas. As pessoas não compram nosso produto porque há opção melhor no mercado na data de nosso lançamento. Imaginamos o lançamento (talvez atrasado), o *feedback* (negativo) e a falta de vendas.

Armado com essas informações, obtidas quando imaginamos esses três resultados, você agora está apto para estruturar seu plano de ação. Constatamos que o melhor meio de facilitar esse processo é pedir a alguém que narre os cenários básicos ao grupo, enquanto outros acrescentam pontos específicos, como: onde o produto será lançado? Como será o evento? Como serão as discussões? Há uma expectativa ansiosa? Como será o discurso do CEO?

Essa elaboração em grupo expõe demarcadores-alvo porque permite que a equipe imagine não apenas a meta grande, de longo prazo, mas também as específicas, de curto prazo, que precisam ser realizadas ao longo do caminho. A elaboração converte a ideia de uma meta em imagem de entregáveis tangíveis, como: quem se encarrega de reservar o local de lançamento? Podemos produzir mais silicone para o *headphone*? As empresas chamam esses entregáveis de indicadores-chave de desempenho (*key performance indicators*, KPIs), pois, ao alcançar cada alvo, o grupo é capaz de determinar o nível potencial de sucesso em direção à meta. Caso o termo KPI lhe cause dor de estômago, como acontece com muitos funcionários corporativos, podemos chamá-los de demarcadores.

Cada demarcador tem um prazo. Normalmente, um plano de ação claro requer, no mínimo, quatro demarcadores, e, em cada um deles, bem como no intervalo entre eles, costuma haver entregáveis múltiplos (tarefas), e cada membro do grupo se responsabiliza por um deles. Nesse ponto, os demarcadores da equipe proporcionam um guia geral para o grupo trabalhar como um todo, com mais especificidade necessária, quando saímos da seção de Imagens em Grupo, e os indivíduos estabelecem alvos pessoais específicos.

O AIM facilita um exame das rotas para o progresso, dando aos grupos a habilidade de criar um plano realista, documentado e acertado pelo coletivo. Com esse método, cada indivíduo é capacitado a executar tarefas por meio de ações pessoais, orientado por planos imaginados pelo coletivo.

Passo 3: estar presente ao completar as tarefas

Quando você e o grupo tiverem um plano e se comprometerem com a ação coletiva, o próximo passo será estar presente na ação e preparar-se para momentos desafiadores. É a hora em que planejamos lidar com os Pontos de Escolha do grupo: desistir ou não. Os tipos de desafio que podem levar um grupo a desistir são circunstâncias como falta de fundos, mudança no mercado ou doença de algum membro-chave.

Dois métodos que ajudam o grupo a se reprogramar e a se sentir presente são a *mesa-redonda* e o *ponto de pausa*.

O exercício da mesa-redonda

O exercício da mesa-redonda é preventivo. Geralmente semanal, é um meio para os grupos se reavaliarem e se reconectarem em torno de uma meta predefinida e compartilhada; verificarem se uma nova direção é necessária; e concordarem quanto aos próximos passos. Exige um Ponto de Escolha provável, fundamentado em emoção, e o converte em um processo deliberado de avaliação e de tomada de decisão baseado em metas evolutivas.

Comece sincronizando a respiração de todos por um minuto. Essa prática permite aos membros do grupo parar o falatório mental, ou, pelo menos, sossegá-lo, e focar na respiração. Vivemos em um mundo frenético, e essa é uma maneira de centralizar todos ao mesmo tempo, de modo presencial ou *on-line*.

Outro método é o escaneamento do corpo.

COMO FAZER UM ESCANEAMENTO DO CORPO

RESPIRE FUNDO UMA VEZ. Ao expirar, feche os olhos ou deixe-os relaxados. Desacelere a respiração um pouco. Imagine que consegue respirar do topo da cabeça até os pés. Inspire com o corpo inteiro. Enquanto o fizer, observe se há um lugar no corpo em que você sente tensão ou rigidez. Não julgue o tamanho nem a forma dessa tensão. Ela tem alguma cor? Move-se para cima ou para baixo? Qual é a temperatura dela? Respire nessa tensão e dê a ela um pouco mais de espaço. Se possível, ponha a mão sobre esse local e veja se precisa de alguma coisa. Apenas escute e seja perceptivo.

Exercícios assim nos ajudam a relaxar, a nos reconectarmos com nossos sentidos e a estarmos presentes. Passar da cabeça para o corpo é útil em um mundo no qual, segundo David Drake, nosso amigo e colega *coach*, "Muitos acham que o próprio corpo só existe para levar a cabeça ao trabalho todos os dias".

Em seguida, peça a todos que reflitam sobre o plano que vocês criaram juntos. Convide-os a compartilhar três coisas: uma que realizaram juntos, outra que apresenta dificuldades e outra pela qual todos são gratos. A última parte pode não ter a menor relação com o plano. Esse compartilhamento reforça a empatia entre os membros do grupo e ajuda a construir conexões profundas. Todos devem participar. A vulnerabilidade precisa ser recíproca. As mesas-redondas são, na maioria, oportunidades de compartilhar sucesso, mas haverá momentos em que não haverá progresso nenhum.

Se o plano acordado precisa ser revisto porque os indicadores da meta mudaram ou surgiram outras variáveis, como novos clientes, dedique algum tempo para discutir as novas informações e obter o *feedback* do grupo.

Essa discussão em grupo abre a possibilidade de aperfeiçoamento coletivo, sem julgamentos. Às vezes, você não sabe quais são as dificuldades dos membros do grupo nem onde eles precisam de apoio. Esse é um modo excelente de expor essas lacunas e preenchê-las de maneira proativa.

O ponto de pausa

Imagine que está no fim do último tempo da partida final do Campeonato NCAA. O jogo está bastante equilibrado, mas um time está melhor. O técnico pede tempo e chama os jogadores. Esse é um ponto de pausa.

Enquanto as mesas-redondas geralmente são planejadas, os pontos de pausa não o são. O ponto de pausa é como um botão de emergência para evitar uma catástrofe. Pode ser ativado por qualquer pessoa, a qualquer momento, embora orientemos os grupos para que o usem como se fosse um botão de pânico. Verificamos que os grupos utilizam pontos de pausa para checar a motivação, a prontidão para as tarefas e a autoconfiança, quando um ou outro membro parece distraído ou desmotivado. Pode ser o momento em que um membro da equipe questiona se suas tarefas individuais se encaixam na meta maior ou sente que sua tarefa não agrega valor.

A hora de ativar um ponto de pausa depende dos sentimentos e tem a ver com o progresso pessoal de cada indivíduo, além da compreensão geral do ambiente.

Os pontos de pausa permitem ao grupo redirecionar o foco para a tarefa, verificar se algo mudou e necessita de ajustes, melhorar a comunicação de todos e apoiar os membros a se sentirem presentes de verdade, antes de tomarem decisões críticas, como as apresentadas nos Pontos de Escolha. Um ponto de pausa pode não só literalmente salvar uma vida (ou, pelo menos, um campeonato) como também dar a cada pessoa controle sobre o próprio comportamento em um ambiente de pressão.

Segmento 4: pôr em prática

Ponha as tarefas em prática. Atenha-se ao plano. Viva de acordo com seus valores, tenha atitude de vencedor e trabalhe na direção da meta compartilhada. Tanto na condição de indivíduos quanto na de grupo, vocês devem esperar tempos difíceis. Espere reveses e vitórias e não tenha medo de falar em nome do progresso.

Segmento 5: reavaliar o progresso

O progresso é reavaliado por meio dos demarcadores dos grupos. Após reavaliar o progresso, os grupos costumam fazer um planejamento adicional, com o uso de Imagens em Grupo e de novos demarcadores. Podem criar uma nova meta compartilhada. Podem passar por uma reciclagem completa do AIM. Ou essa reavaliação talvez ocorra quando um grupo alcançar uma meta e sentir que é hora de definir outra mais desafiadora.

Verificamos que, quando os grupos falham na tentativa inicial de alcançar uma meta, definem outra compartilhada mais realista. Usam a experiência do fracasso para definirem melhor suas metas no próximo ciclo e não repetir os mesmos erros. Grupos que atingem a meta não param. Trabalham no sentido de polir as arestas que apareceram no caminho e, então, assim como o grupo que falhou, definem uma nova meta.

Se você quiser aproveitar alguma coisa deste capítulo, que seja a importância de ter clareza e orgulho de suas metas e intenções na organização. Estude casos de sucesso dos demarcadores no caminho e faça perguntas desafiadoras francas, que evoquem curiosidade e colaboração, quando não conseguir cobrir os demarcadores que o coletivo determinou.

Lembre-se de que as metas, sobretudo as grandes – ainda que fragmentadas em demarcadores no caminho –, podem provocar estresse. Estresse e ansiedade são inevitáveis em qualquer grupo e podem levar à discórdia. No próximo capítulo, oferecemos métodos de abordá-los para que você e seu grupo continuem no caminho certo.

CAPÍTULO 8

Problemas (e Soluções) Comuns aos Grupos

Lute pelas coisas importantes para você,
mas o faça de modo que os outros o sigam.
- Ruth Bader Ginsburg

Sempre que personalidades diferentes se juntam em um grupo, surgem desafios. Se estes não forem resolvidos, o custo será alto. A produtividade sofrerá e, mais importante, também a saúde. Conflitos no trabalho podem provocar ansiedade, depressão, sono difícil, dor nas costas, enxaquecas e doenças crônicas. Quanto ao ônus financeiro de doenças causadas por estresse relacionado ao trabalho, o custo das horas perdidas no trabalho, conforme cálculos da Faculdade de Administração de Empresas da Universidade Harvard em 2015, foi algo entre cento e vinte e cinco bilhões e cento e noventa bilhões de dólares só nos Estados Unidos.[1] Claro que nem todo estresse no trabalho é causado por conflitos; também pode ser resultado de falta de apoio, aumento de demandas ou até falta de sono.

Quando Catherine, executiva sênior em uma empresa da Fortune 100, procurou nossa ajuda, já não aguentava mais e não dormia bem havia várias semanas. O mais novo funcionário de sua equipe era um amigo cuja chegada fora recebida com resistência pelos demais empregados. O grupo começara pequeno, unido, e tivera crescimento incremental com o passar dos anos, mas, de uma hora para outra, começou a expandir mais rápido. No ano em que iniciamos o trabalho com esse grupo, as previsões eram que chegaria ao dobro. Os membros seniores sentiam-se invadidos pelo rápido crescimento. Às vezes, os *e-mails* eram um campo de batalha. Os empregados começaram a reclamar com Catherine, que tinha dificuldade em encontrar tempo para fazer seu trabalho com desenvoltura, pois vivia ocupada com as queixas. Tempo e sono eram preciosos para ela, e os conflitos da equipe minavam ambos. Esse cenário comprometia sua capacidade de raciocínio profundo, que lhe garantia a posição na empresa. Resumindo o primeiro contato telefônico de Catherine conosco: "Socorro! Estou pirando!".

Descobrimos que o grupo tinha quatro dos desafios mais comuns observados: a síndrome do "lá vamos nós de novo", metas desconexas, esgotamento e duelo de titãs. Apesar de não existir um padrão específico na evolução desses problemas, nota-se que a falta de metas organizadas, especificamente quando a equipe não tem definida sua vantagem exclusiva, cria ambiguidade de funções, que resulta em um quadro no qual os membros do grupo se sentem insatisfeitos e estressados.

O modelo AIM ajuda a combater esses desafios comuns usando imagens em nível individual, mas também coletivo, com a meta final de *responsabilização planejada*: quando cada membro do grupo resolve problemas por conta própria, contribuindo para o benefício de todos, antes de surgir um desafio. Isso ocorre quando o grupo trabalha em conjunto nos entregáveis presentes, ao mesmo tempo que antevê e vence possíveis desafios antes que estes apareçam, por exemplo, providenciando tempo extra para um prazo quase esgotado ou preparando-se para um pico na carga de trabalho em um futuro próximo. Grupos são um ecossistema, e aqueles que utilizam imagens para um planejamento conjunto desenvolvem um ecossistema simbiótico que apoia a expansão do talento e proporciona a cada membro sensação de pertencimento. Vamos dar uma olhada em cada desafio e examinar como os grupos se empenham no sentido de compartilhar responsabilização com o uso do AIM.

Síndrome do "lá vamos nós de novo"

Reunimo-nos separadamente com cada membro da equipe de Catherine. Haley, executiva veterana, não acreditava que o trabalho conosco mudaria alguma coisa. Teve a coragem de dizer isso: "Já tivemos uma consultora assim antes", explicou. "Era adorável e, provavelmente, muito boa em seu trabalho, mas nada fez para nos ajudar. Tinha algumas boas ideias sobre o fluxo de trabalho e as funções, mas nenhum poder para mudar as coisas. Talvez porque não quisesse aborrecer as pessoas. Era muito papo e nenhuma ação."

Haley sofria da síndrome do "lá vamos nós de novo", e não era a única no grupo. Vários membros achavam que nada mudaria com nossa intervenção porque o trabalho com *coach* não servira para eles antes.

A síndrome do "lá vamos nós de novo" costuma ser o primeiro problema que encontramos em nosso trabalho com grupos. O grupo, ou uma pessoa dele, sente que nada vai mudar, sejam quais forem os passos tomados pela administração para dar aspecto de mudança; por exemplo, convidar consultores para seminários de "inspiração" ou "predisposição mental".

Quando a administração contrata especialistas para realizar *workshops*, estes não utilizam as táticas certas para promover o sucesso, o que significa que o *workshop* não se traduz em ação. Para que os *workshops* consigam, de fato, gerar mudança, precisam se fundamentar em propósito e significado, e, mais importante, todos devem participar. E, quando dizemos "todos", referimo-nos a *todos*. Se os principais coordenadores ou líderes de equipes não comparecerem aos *workshops*, o grupo ficará segmentado entre presentes e ausentes. A experiência torna-se a de um trabalho de nicho, não de unidade de um grupo interligado. Os membros do grupo se sentirão responsáveis por seu nicho, mas sem o dever de reportar à unidade do grupo, pois não se enxergarão como parte da visão coletiva maior.

A capacidade de planejamento conjunto do futuro de um grupo é essencial para todos. Qualquer pessoa excluída do planejamento estratégico se sente desligada das mudanças feitas pelo grupo, e isso pode ser prejudicial ao sucesso esperado da equipe. Quando se sentem incluídas nas decisões grupais, as pessoas investem nos resultados.

O AIM trata a síndrome do "lá vamos nós de novo" com um método que funciona de dentro para fora. Nossa abordagem colaborativa começa e termina depois que todos os membros do grupo foram ouvidos e usamos o que chamamos de espírito de entrevista motivacional, proporcionando o sentimento de conexão com as visões do grupo por meio de imagens. Encorajamos os grupos a criarem um ambiente no qual as pessoas têm liberdade de falar e imaginar juntas. Levamos muito a sério a confidencialidade. Portanto, quando uma pessoa como Haley expõe sua hesitação quanto ao processo, respeitamos seus sentimentos e compartilhamos com ela nosso plano, para que todos evitem perda de tempo.

Também realizamos medições específicas da habilidade que um grupo tem com imagens, bem como sua avaliação de metas. Não é apenas teoria; é prática. Não somos consultores de complacência; somos arquitetos de mudança. Entretanto, para a mudança acontecer, todos no grupo, desde o zelador até o CEO, devem se sentir participantes da visão para aceitar o processo. Todos precisam se comprometer com uma visão coletiva única, aceitar suas funções e trabalhar de olho nos demarcadores que indicam o progresso periódico em busca dessa visão.

A viagem à Lua do programa espacial de John F. Kennedy é um exemplo brilhante de como isso funciona. A meta era ímpar e desafiadora: enviar um homem à Lua e trazê-lo de volta à Terra em segurança. Nos esforços conjuntos para alcançar essa meta, cerca de quatrocentos mil funcionários da Nasa desenvolveram demarcadores e se comprometeram com a ação. A viagem à Lua poderia facilmente fracassar. Na realidade, a maioria das pessoas fora da agência espacial acreditava nisso. Todos os membros do grupo, porém, aceitaram as devidas funções. Adotaram a ideia abstrata de levar um homem à Lua e fizeram planos concretos de progredir com a missão. Segundo as lendas, na visita de Kennedy à Nasa, em 1962, ele perguntou a um zelador: "O que você está fazendo?". O homem respondeu: "Estou ajudando a enviar um homem à Lua".

Metas desafiadoras e abstratas requerem imagens, principalmente quando essas metas têm raízes no propósito e naquilo que é importante para o grupo. Lidar com metas desafiadoras significa que o grupo deverá pensar de modo criativo. Portanto, se quiserem superar a síndrome do "lá vamos nós de novo", todos os membros da equipe precisam compartilhar a "visão" e se reunirem, como fazem os Vingadores, movidos pela importância (geralmente pessoal, mesmo para os Vingadores) e pelo propósito (salvar o Universo!). Conectado com outros que compartilham da mesma meta, você sente uma paixão harmoniosa que contagia sua motivação no caminho da meta desafiadora. Quando você encontra uma paixão coletiva e se imagina alcançando metas focadas, a síndrome do "lá vamos nós de novo" transforma-se em uma síndrome positiva de "vamos lá mais uma vez!".

Metas desconexas

O grupo de Catherine também tinha metas desconexas. Esse problema surge quando as metas do grupo não são as mesmas para todos. Metas e alvos podem ser diferentes para cada subdivisão em uma organização, como vendas, marketing e operações; todavia, para os grupos terem sucesso, todos os membros da organização devem se alinhar à meta geral.

Como a equipe de Catherine era pequena e crescia rápido, havia incerteza e competição entre os membros, o que colocava alguns no modo sobrevivência. Alguns membros do grupo eram obcecados com tarefas específicas; outros trabalhavam naquilo que *julgavam* ser a tarefa certa, quando, na realidade, não tinham a menor ideia. Vale dizer que isso não ocorria por falta de diretrizes de Catherine; o grupo em evolução ainda não encontrara sua vantagem, aquilo em que se destacava no caminho para uma meta compartilhada. O resultado era foco excessivo no tempo e na atenção dedicados às tarefas periféricas e pouco em alvos específicos em busca de meta e visão coletivas.

Jack, executivo júnior, suspirou e nos disse: "Dizemos 'sim' demais. Se alguém nos solicita um entregável a um acionista-chave, claro que devemos cumprir, mas parece que assumimos cargas muito pesadas e não podemos recusá-las porque seria negativo para nós e para a empresa". E prosseguiu: "A equipe tem especialistas em questões ambientais, sociais e de governança. Por que nos metemos em outras áreas é um mistério para mim. Se focássemos mais em nossa meta coletiva, provavelmente seríamos sessenta por cento mais produtivos".

Metas desconexas existem também no esporte. No trabalho com um grupo de velejadores de fama internacional no início da temporada, Jonathan reuniu velejadores, técnicos e a equipe organizacional (que incluía engenheiros, fabricantes de velas e desenvolvedores de *software*) e pediu que definissem uma meta realista para o grupo. Eles tinham, de fato, uma meta coletiva: vencer a Copa do Mundo; porém, o momento específico para essa conquista variava muito na visão de cada um. Enquanto uns achavam que venceriam na temporada seguinte, outros tinham outra ideia. Clare, gerente de operações, disse: "Vencer uma Copa leva tempo, e precisamos de quatro anos para alcançar nossa meta final". James, técnico de desempenho, discordava: "Com o talento que temos agora, não há momento melhor".

A solução para esse problema peculiar requer colaboração e comunicação. Primeiro, cada indivíduo deve definir sua função, identificar suas forças e seus obstáculos e imaginar como será a colaboração. Em seguida, deve voltar ao grupo, onde todos discutirão suas descobertas e criarão planos de ação juntos. Equipes e times de classe internacional sabem as respostas a estas perguntas:

- Qual é sua função no grupo? Todos os membros conseguem definir as funções dos outros membros?
- Quais são suas forças? Todos os membros do grupo conseguem definir com clareza as forças de cada membro?
- Quais são seus obstáculos? Que obstáculos o grupo provavelmente enfrentará, em termos de coletividade, no próximo ano/mês/semana ou amanhã?
- O que faz seu grupo ser especial? Todos concordam? Caso não, por quê?
- Como é um grupo de alto desempenho? Como se chega lá? Você consegue usar imagens multissensoriais para vislumbrar esse acontecimento?
- Qual é a meta compartilhada de seu grupo? Todos os membros estão cientes do processo e dos demarcadores no caminho? Você sabe em que cada membro trabalha para alcançar a meta, ou seja, o grupo é transparente?

No trabalho de Jonathan com a equipe de velejadores, essas perguntas constituíram a base do *workshop* a respeito de metas interconectadas. Ele conduziu a discussão sobre elas movendo as pessoas pela sala, fazendo todas conversarem umas com as outras. Nesse caso, o tema era desempenho marítimo, e não houve nenhuma refeição romântica no fim, apenas um grupo energizado com melhor comunicação, foco na meta e no desempenho. Os fabricantes de vela conversaram com os engenheiros sobre os materiais, e estes abordaram a mecânica com os atletas; os técnicos trabalharam com os engenheiros de *software* para aperfeiçoar a coleta de dados, e o grupo todo considerou os obstáculos, imaginando situações do tipo "e se...?" e planejando estratégias para resolver problemas. No fim, o time alcançou altíssimo desempenho e se tornou o quarto melhor do mundo!

Metas desconexas nem sempre são ruins, pois podem enfatizar perspectivas diversas que, por sua vez, resultam em discussões variadas. Estas nos ajudam a dissipar crenças e atitudes implícitas. Metas desconexas tornam-se um problema quando não são discutidas. O conflito surge quando as visões não são compartilhadas e há falta de transparência. O AIM lida com isso de modo direto, em formato construtivo, dando a cada membro do grupo oportunidade de ver as perspectivas dos outros e falar sobre funções, alvos específicos e demarcadores, além de dar a todos voz para expressar sua crença no sucesso. Sempre terminamos a sessão pedindo aos participantes que se comprometam em elaborar um plano juntos, oferecendo-se para determinadas ações. Essa atitude desenvolve conexões profundas, aumenta a responsabilização e minimiza conflitos que envolvem a meta.

A equipe de velejadores chegou ao campeonato mundial naquela temporada, mas não venceu. Cinco anos depois, ainda não são finalistas, mas têm uma meta compartilhada diferente: ser o time mais competitivo do campeonato. O time imaginou o melhor plano detalhado, por meio de uma série de cenários, desde o *melhor resultado* (vencer o campeonato) até o *pior* (virar o barco e ficar em último lugar). A melhor visão – velejar bem em todas as corridas e estabelecer as bases para o time em gerações futuras – transforma uma equipe *competidora* em *competitiva* na luta pelo título de campeã.

Esgotamento

Também conhecido pelo termo em inglês *burnout*, o esgotamento resulta em estresse crônico no ambiente de trabalho, sem os cuidados necessários. É caracterizado por três dimensões: exaustão; distanciamento mental das tarefas, ou sentimento negativista ou cínico em relação ao trabalho; e eficácia profissional reduzida.

O ideal seria que nunca existisse esse esgotamento. Mas o grupo de Catherine passou por ele. Os membros da equipe sentiam-se "emocionalmente frágeis", "constantemente nervosos", "doentes", "ansiosos", "julgados" e "fatigados".

O esgotamento não afeta apenas uma pessoa. Quando um membro se esgota, o grupo inteiro enfraquece. É um contágio social, a disseminação espontânea de comportamentos, emoções ou condições por um grupo ou uma rede. Amy era uma das gerentes seniores da equipe de Catherine com função muito específica: chefe de análise. Era responsável por avaliar os dados sobre a empresa e o mercado e relatar as conclusões a Catherine e à organização como um todo. Ocupava esse cargo havia dois anos, e, com o crescimento da equipe, a clareza de sua posição começou a se confundir com as funções de outros membros, que se interpunham às suas.

Por exemplo, uma funcionária nova, Chrissie, diretora de análise de dados, era responsável por interpretar dados sobre os acionistas, prever tendências de mercado e se reportar a Catherine e à própria organização.

As funções de Chrissie e Amy tinham método semelhante, e as duas entravam em atrito. A briga começou com uma série de *e-mails* acerca de um pequeno erro de ortografia em um gráfico. Amy escreveu: "Nossos padrões são altos, e se você não consegue se dar ao trabalho de revisar o que escreve, então não serve para a equipe". A partir daí, Chrissie tornou-se a maior crítica de Amy, e qualquer erro era imediatamente citado em um *e-mail*. A gota d'água foi quando Amy e Chrissie discutiram durante uma reunião e se recusaram a trabalhar no mesmo grupo.

É comum que a entrada de um empregado novo em um grupo existente cause atrito, e isso pode culminar em esgotamento generalizado. O atrito ocorre quando a mudança na dinâmica de um grupo acompanha a falta de clareza das funções. O processo de recepção de um novo membro é um ponto crucial em que os grupos podem superar o atrito antes de ele se tornar uma batalha aberta que terminará em esgotamento. Cada parte do processo deve ser clara, organizada e planejada, da descrição do emprego ao recrutamento, com o intuito de integrar o novo funcionário ao grupo, para que todos trabalhem juntos nos projetos.

Seja a consequência de uma recepção inapropriada ou a perda de um membro importante do grupo, o esgotamento é comum quando há desequilíbrio. E o desequilíbrio resulta de carga de trabalho excessiva, expectativas irrealistas, limites incertos entre vida pessoal e trabalho e predisposição mental que nunca melhora. Por exemplo, se você não define limites pessoais, ou permite que elas sejam ultrapassados, ou ultrapassa o limite dos outros, o esgotamento pode ocorrer. A maioria das pessoas não se incomoda ao receber um *e-mail* tarde da noite com uma questão urgente, desde que não aconteça com frequência. No entanto, se esse tipo de situação for constante, o atrito será inevitável. Estabelecer expectativas e limites é essencial para impedir o esgotamento. A reflexão sobre as quatro perguntas a seguir e as sequências entre parênteses nos ajuda a garantir o equilíbrio entre vida pessoal e profissional:

1. O que lhe dá equilíbrio? (E como você o mantém em momentos atribulados?)
2. Que expectativas tem dessa função? (E quais desafios são esperados?)
3. Como se sentirá se os seus limites não forem respeitados? (O que poderá fazer para minimizar esse problema?)
4. Caso passe por um estresse, como pretende identificá-lo e lidar com ele? (O que podemos fazer para ajudar?)

A definição de limites ocorre em nível dos grupos, mas também é organizacional. Se você recompensa funcionários que trabalham horas adicionais, pode ser bom para a empresa, mas ruim para o equilíbrio. Por exemplo, promover aqueles que trabalham mais que a carga horária semanal, porém não os que cumprem as quarenta e quatro horas usuais, não é uma atitude construtiva para manter a motivação.

Na maioria dos casos, indivíduos que trabalham uma quantidade predeterminada de horas por semana o fazem porque têm compromissos pessoais, como família, atividades físicas e contato social: tudo essencial para evitar o esgotamento e, assim, aperfeiçoar a produtividade.

Quando trabalhamos com grupos durante a pandemia de covid-19, entre fevereiro de 2020 e fevereiro de 2022, descobrimos que a carga de trabalho aumentara cerca de vinte por cento. As pessoas verificavam os *e-mails* ao acordar e antes de dormir e, de modo geral, relatavam falta de rotina. Era um verdadeiro desafio, pois o trabalho penetrava o lar, transbordando até o quarto e as áreas de convívio familiar. No entanto, em anos anteriores à covid-19, os grupos, e principalmente os líderes, ficavam – e ainda ficam – esgotados, e o motivo tinha a ver com autonomia, união e expectativas de equilíbrio por meio de limites.

A autonomia é a chave para a promoção do controle pessoal em torno de expectativas e limites. Já vimos várias pessoas, entre elas professores, executivos, técnicos esportivos e até oficiais militares, sofrendo de esgotamento porque perderam a autonomia para tomar decisões e controlar o fluxo de trabalho. Ter autonomia significa decidir se é melhor dizer "sim" ou "não" a uma tarefa, mas há situações nas quais as tarefas precisam ser executadas, e com rapidez. É fácil cair em uma armadilha como líder, quando surgem situações nas quais você tem de alocar deveres de modo que faz os membros do grupo sentirem que estão perdendo autonomia. Mas não precisa ser assim. Você pode ajudar seu grupo a sentir que tem autonomia e, ao mesmo tempo, cumprir as tarefas, simplesmente se souber encorajar conversas amistosas entre os participantes e o indivíduo responsável por alocar as tarefas. É por isso que as mesas-redondas semanais (reuniões para discutir fluxo de trabalho, como os entregáveis) ou grupos-tarefas (checagem do progresso) são ótimos para melhorar a transparência e a autonomia.

Examinemos dois cenários hipotéticos.

Cenário 1: alguém lhe passa uma tarefa. Não é sua especialidade, mas seu gerente o chama e lhe diz que tem de cumprir um entregável em três dias. Você explica que tem outras tarefas. Ele insiste que deve achar tempo porque o projeto é urgente e necessário.

Cenário 2: você e todo o grupo recebem um convite para participar de uma reunião sobre um novo entregável. Você aceita o convite e comparece à reunião. O gerente descreve o item. Explica que não se encaixa na especialidade de ninguém da equipe, mas cumprir essa tarefa é urgente e necessário. E pergunta: "Quem pode assumi-la?". Silêncio. Você sabe que o grupo já tem muito trabalho a fazer, além de você mesmo; porém, provavelmente, é a melhor pessoa para o encargo, por isso o aceita.

OK, nenhum dos dois cenários é ideal, mas qual deles você prefere? Receber a ordem de fazer uma coisa ou se oferecer para fazê-la? Quando trabalhamos com grupos, sabemos que pessoas com autonomia e que optam por assumir tarefas sentem menos estresse.

Grupos resilientes, com alto desempenho e interconectados jamais escolheriam o cenário 1. Na realidade, o cenário 2 raramente resultaria em uma única pessoa assumindo a carga de trabalho. Grupos interconectados impedem o esgotamento se utilizarem um terceiro cenário: alocam um dirigente para definir as jogadas e administrar o novo entregável, e, a partir daí, o time inteiro trabalha na tarefa. Assim a carga de trabalho é diluída e, por conseguinte, o estresse.

O AIM começa orientando cada membro do grupo a olhar para dentro, estabelecer funções e determinar o rumo do progresso até as metas pessoais. Em seguida, os participantes olham para fora com o intuito de ajudar outros membros a conquistarem suas metas. Ouvimos comentários do tipo "Vejo que você precisa de apoio. Quer que eu o ajude?" ou "Preciso de apoio. Pode me ajudar?". Isso encoraja um indivíduo a entrar no *loop* de vulnerabilidade com os membros de seu grupo e a desenvolver empatia por meio da comunicação e de apoio maior, o que, por sua vez, diminui o estresse.

Outro modo de superar o esgotamento é dar às pessoas espaço para aprender e crescer. Sarah, professora veterana de química, porém nova em determinada escola, trabalhava em um grupo com sete pessoas, incluindo o chefe do departamento de Ciências. Fora contratada por vários motivos. Primeiro, era excelente professora e fazia sucesso com os alunos. Segundo, sua entrevista fora esplêndida, e ela tinha referências brilhantes. Por fim, seu plano de aula era meticuloso e traria benefícios para toda a equipe de professores. O chefe do departamento levou tudo isso em consideração e encarregou Sarah de desenvolver planos de aula com os outros professores a cada semana. O planejamento começava com uma reunião para focar os estudantes em suas tarefas. O grupo gostava do apoio de Sarah, mas, em poucas semanas, ela já não apreciava mais a função. Começou a ficar ansiosa e a duvidar da própria habilidade.

Quando iniciamos o trabalho com Sarah, perguntamos o que lhe causava estresse. Ela nos disse que era o chefe do departamento. "Ele tem boa intenção, mas verifica tudo o que faço com a equipe antes mesmo de eu pôr em prática. Parece que não confia em mim. Depois, me dá conselhos que quer que eu apresente aos professores; o problema é que não são bons conselhos, e não quero mais ser líder de ninguém. Só pretendo focar em minhas aulas."

Trabalhamos com o grupo de liderança na escola de Sarah. Sugerimos que planejassem as aulas com a equipe apenas uma vez. Aconselhamos os chefes dos departamentos a não interferir nem microgerenciar nada, mas, sim, deixar que os colegas cumprissem sozinhos as próprias responsabilidades. Depois de implementadas essas mudanças, os participantes relataram mais confiança nos líderes e menos estresse. Tinham mais clareza quanto às funções e aos alvos, estavam cientes do que fazer e quando, pois sentiam o apoio vindo de instruções e direcionamentos claros. Assim, a equipe de professores se sentiu mais *responsabilizada* por seu trabalho, em vez de simplesmente *responsável* por completar tarefas.

Tanto no caso de Sarah quanto no de Amy, reunimo-nos com os grupos e fizemos uma pausa. Perguntamos às equipes o que queriam e como seria melhor trabalhar no grupo. O *feedback* foi valiosíssimo. Todos disseram que trabalhavam melhor com independência, equilíbrio, união e clareza de funções. Demos suporte aos grupos, e, embora alguns membros tenham saído, como Amy – hoje ela é chefe de equipe em outra organização –, a vasta maioria tem prosperado com uma abordagem centrada na pessoa, e é assim que lida com alvos, definição de metas e estratégias para aliviar o estresse individual e grupal por meio de imagens.

A pandemia de esgotamento quase sempre começa por causa de desequilíbrio entre vida pessoal e trabalho, e sem facilitadores, como atenção plena (*mindfulness*) e FIT para os grupos poderem pensar no estresse e cuidar dele, o esgotamento ataca. A realidade é que o esgotamento não deveria existir em nenhuma organização. Quando ocorre, indica que a empresa não lidou bem com as expectativas, os limites não foram respeitados e o apoio dos colegas não foi suficiente. Gostaríamos muito de acabar com a pandemia de esgotamento para todos os grupos, mas não conseguimos. Cabe ao próprio grupo realizar uma mudança cultural que reconheça o nível necessário de apoio para cada desafio específico. Se uma situação é fácil, não requer apoio. Por outro lado, se há dificuldade, o apoio deve vir do grupo.

Duelo de titãs

As reações emocionais associadas à necessidade de ser reconhecido são as que provocam os duelos mais intensos. Essa necessidade pode embaçar a razão e levar as pessoas à autossabotagem. Por exemplo, um membro de um time esportivo pode estar acostumado a dar o saque, mas, caso se sinta sobrecarregado, ignorado ou subestimado, pode se tornar amargo, vingativo e tóxico para si mesmo e para todo o time.

A história de um dos fundadores de uma *startup* de tecnologia chamada YouSendIt é um bom alerta.[2] Khalid Shaikh, canadense filho de imigrantes paquistaneses, dedicou-se de corpo e alma à empresa que abriu com o irmão. Ela era seu bebê. Ele deixou de lado a vida pessoal para escrever o código original, construir os primeiros servidores e administrar os negócios. Ele e os cofundadores se empenharam em resolver problemas, até levantarem onze trilhões de dólares, mas, no fim, abriram mão da titularidade.

Depois disso, tudo mudou, incluindo a administração. Khalid sentia que não era mais bem-vindo ou admirado por seu trabalho. Não se dava bem com algumas normas culturais das conferências sobre tecnologia. Mudou todo o guarda-roupa e começou a jogar golfe. Tudo o que experimentava era inautêntico e lhe dava aspecto estranho. Em vez de usar jeans, passou a vestir ternos que pareciam largos demais. Lidava com o estresse vociferando. Enviava *e-mails* ao melhor amigo no grupo, com frases do tipo: "Você é idiota! Não acredito que fez tamanha besteira".

No fim, Khalid foi demitido. Em vez de encontrar um caminho de volta à empresa, como fizera Steve Jobs após ser afastado da Apple, deu vazão à raiva, que acabou o dominando. Lançou um ataque cibernético contra a própria empresa à qual dera vida. O resultado foi uma multa que não podia pagar. Passou um tempo na prisão e hoje é *outsider* no mundo de seus sonhos. É difícil ler sobre um indivíduo talentoso e dedicado que começa a alienar amigos e colegas e vira criminoso. Essa história ainda deve ter boa parte não contada. Contudo, focaremos aqui na mesma mensagem que enfatizamos nos primeiros capítulos deste livro: nossas emoções têm a capacidade de superar a lógica. Na sede de reconhecimento, podemos nos perder e desviar de nossa meta.

Em nosso trabalho, às vezes vemos colaborações que começam com a melhor intenção, o melhor empenho e a melhor devoção, mas terminam em um duelo de titãs. Em algumas ocasiões, esse duelo surge em forma de pequenos jogos de poder, por exemplo, quem controla a temperatura na sala. Ou provoca jogos maiores, como a corrida para se tornar a prioridade na agenda do líder do grupo. A resolução desse problema é mais complexa que a simples prática de imaginar um ambiente de trabalho melhor ou conversar sobre valores. Começa com a autogestão, que inclui encontrar um nível saudável de equilíbrio entre trabalho e vida pessoal. Em seguida, levamos em consideração os outros e aprendemos a nos comunicar com diferentes personalidades em diferentes funções.

Imagens e soluções

Ser líder de um grupo é um desafio enorme. Vemos duas características principais que geram sentido de segurança e pertencimento, os quais, por sua vez, instigam a imaginação; e é graças a ela que surgem inovações e soluções. Isso alivia a pressão do líder de resolver tudo. Cria sentimento de responsabilidade, que é o jogo final. As duas características principais são autonomia e empatia, ambas indispensáveis ao espírito de entrevista motivacional.

Autonomia

A neurociência nos ajuda a entender o que acontece no cérebro sob diversas condições. Se você é líder, deve conhecer o estudo de Woogul Lee e colegas, que compara recompensas e punições por comportamento autodeterminado.[3] Quando as pessoas se sentem coagidas por recompensas ou punições, a área ativada do cérebro assinala perda de ação. Isso pode indicar que perdem a visão de seus valores e a habilidade de confiar em si mesmas. Quando se envolve em comportamentos autodeterminados – autonomia, domínio e colaboração –, o indivíduo sente que é capaz de agir, ou seja, assume a responsabilidade por circunstâncias e pelos resultados sob seu controle.

Membros do grupo movidos por essa premissa não sentem que o problema é dos outros nem perdem o controle dele. São menos inclinados a deixar que as circunstâncias os definam. E o mais importante: são mais propensos a procurar soluções que melhorem a situação.

O uso de imagens dá sentido de autonomia às pessoas. O mesmo acontece com o uso de imagens em grupos. Como vimos na equipe de Catherine, o método AIM os uniu e os deixou mais fortes e adaptáveis.

Empatia

Quando ensinamos empatia aos grupos, observamos que deixam de reclamar e passam a colaborar. É uma mudança que impacta o espírito, a sensação de pertencimento e o mais importante: a realização de metas.

Usamos medidores motivacionais como a pesquisa PRINT, elaborada pelo estatístico Paul Hertz, para ajudar cada membro de um grupo a ver suas forças, suas fraquezas e seus prováveis conflitos.[4] A autopercepção gerada por esses relatórios auxilia os membros dos grupos a assumirem responsabilidade por suas ações e prevê o que pode atrapalhá-los ou causar problemas de comunicação no grupo. Quando expomos esses medidores aos participantes, eles desenvolvem uma linguagem comum e reconhecem suas diferentes perspectivas. Isso cria empatia.

É mais difícil evocar empatia em um grupo que nas pessoas individualmente, pois muitas dinâmicas entram em ação. O processo começa com o hábito de escutar. Em nossos *workshops* com grupos, promovemos a prática de ouvir com plena atenção, fazemos perguntas abertas e reflexões. Recomendamos o uso de exercícios que desenvolvam compreensão profunda de como as palavras e as ações de uma pessoa impactam outra. Assim como o Google encoraja os funcionários a enviarem *e-mails* com plena atenção, você e seu grupo podem praticar ouvir também com plena atenção. Tente agora. Lembre-se de alguma ocasião em que participou de uma conversa significativa, que o fazia pensar. Por alguns segundos, mergulhe nesse momento. Comece por imaginar a conversa, o interlocutor, o ambiente, a temperatura...

Quanto a outra pessoa falou? Ou foi só você quem falou, ao contar uma história? Talvez a pessoa tenha feito perguntas do tipo "E depois, o que aconteceu?" (pergunta aberta), ou apenas murmurado: "Não brinca!" (reflexão curiosa). Em ambos os casos, o contador de histórias (você) deve ter sentido que a outra pessoa se interessou de fato pelo que você tinha a dizer e queria mesmo ouvi-lo. Talvez você tenha se sentido ligado ao outro indivíduo e o tenha escutado e compreendido.

Lembre-se de uma situação na qual você não foi ouvido. Queria expor uma solução ou contar uma história, mas o público não prestava atenção. Você começa a falar e alguém o corta, ou não responde a você, ou muda de assunto, sem reconhecer seu ponto de vista. Você fica frustrado com isso? Amargurado?

O mais difícil é perceber que uma pessoa escuta para *dar uma resposta*, não para *compreender*. Pode-se usar uma versão modificada do LAP que funciona assim:

- **Localizar** seu sinal: fazer uma pausa e respirar mais devagar. Isso o impede de dar respostas imediatas.
- **Ativar** as imagens: imaginar o propósito do grupo em menos de oito segundos e, em seguida, imaginar a meta compartilhada. Evoca a conexão emocional de todos.
- Estar **presente**: escutar, refletir ou fazer uma pergunta aberta. Lembre-se de que é preciso escutar com atenção antes de refletir.

Esse processo permite que você forme conexões profundas enquanto minimiza aquelas interjeições irritantes que o impedem de escutar com atenção; em seguida, os grupos entram em conversas significativas, nas quais todos os presentes têm voz.

O jogo final

A responsabilidade planejada é a meta final. Ocorre quando cada indivíduo em um grupo dedica algum tempo para imaginar os possíveis desafios enfrentados pela equipe e se empenha em combater questões antes que se tornem problemas. Significa que todos os membros se tornam participantes conscienciosos, passando da *responsabilidade* compartilhada para a *responsabilização* e a *ação* pessoais.

O primeiro passo na conquista da responsabilidade planejada em grupo é consultar o modelo AIM especificado no capítulo 7. Com seu grupo, *calibre* e depois *defina uma meta compartilhada*; por fim, planejem juntos, utilizando *imagens em grupo*. Esses passos darão ao seu grupo uma série realista de alvos que podem funcionar quando todos *puserem o plano em prática*. O AIM ajuda a diminuir conflitos porque incentiva conexões profundas ao envolver o grupo em discussões em torno de valores, crenças e atitudes de vencedor. Coletivamente, vocês focaram em metas compartilhadas que passam pela crítica construtiva do grupo, evocando motivação.

Em seguida, desenvolva uma versão própria de pontos de pausa e mesas-redondas, enquanto o grupo avalia o progresso que você fez no caminho para sua meta e seus demarcadores. Essas práticas desenvolvem a empatia, pois dão aos membros do grupo uma voz que é ouvida, compreendida e formalmente conectada à meta geral ou ao propósito do grupo e da organização. Uma equipe resiliente reconhece que a jornada quase nunca é suave; portanto, você precisa prever momentos em que o grupo deve se reunir e conversar sobre questões problemáticas ou lidar com um possível Ponto de Escolha. Quando você abre e incentiva um ambiente de aprendizado, cria oportunidade para a responsabilidade planejada. Os membros do grupo terão espaço para prever problemas e apoiar uns aos outros.

Voltemos ao grupo de Catherine. Passamos um ano trabalhando com a equipe nas questões de comunicação, clareza de funções e definição da meta compartilhada por meio de conexão e pertencimento. Não foi fácil; tivemos de vencer os preconceitos e a síndrome do "lá vamos nós de novo", em um esforço que envolvia a mediação de conflitos existentes havia vários meses. Trabalhamos com todos (alguns mais que outros) e os ajudamos a criar um grupo unido.

Entramos em contato com eles dois meses após o término oficial do trabalho. Foi um de nossos contatos mais recompensadores.

"Graças a Deus, trabalhamos com vocês", disse-nos um dos membros seniores. "Passamos por algumas transições muito difíceis nos últimos tempos, e tudo poderia ter implodido, mas superamos e sobrevivemos."

Eles usavam imagens em sua rotina para planejarem juntos. Marcavam reuniões nas quais o grupo definia alvos com base na meta compartilhada e sabia onde focar a atenção e o esforço. Quando surgia um conflito ou uma incerteza, os participantes ainda se sentiam desconfortáveis às vezes, mas tinham atitude flexível e escutavam atentamente uns aos outros, com compaixão e compreensão.

Catherine gostou muito do progresso do grupo e comentou:

> Definir alvos em grupo cria transparência. Todos sabemos o que precisamos fazer: assim, cada um de nós se responsabiliza por seus entregáveis. O uso de imagens para o planejamento conjunto uma vez por semana na mesa-redonda e o exame de cenários com possíveis desafios, prazos e clareza de função realmente uniram o grupo. Estamos todos sintonizados na mesma frequência, conscientes de como cada um trabalha e de quais são as preferências dos outros; e há entre nós mais entendimento e respeito, de modo que, caso surja um obstáculo, podemos saltar juntos sobre ele. O grupo mudou do estado de responsabilidade para o de responsabilização com nosso trabalho e com cada membro.

À medida que crescem as organizações, também se expandem os grupos dentro delas, e com cada hora investida em colaboração e conexão os grupos criam percepção das metas externas maiores que as do próprio grupo. A resolução de conflitos ocasionais se torna valor organizacional compartilhado, pois se converte em uma luta pelo futuro. Uma organização com equipes fortes que praticam responsabilidade compartilhada tem a oportunidade de contribuir para algo maior que ela mesma. Sua infraestrutura comunal lhe permite estar não apenas acima, mas *além*.

CAPÍTULO 9

Imagens em Grupos no Nível Seguinte

A lógica o leva de A a B.
A imaginação o leva a qualquer lugar.
- ALBERT EINSTEIN

"Fechar os olhos me abriu os olhos", disse um de nossos clientes. O mesmo aconteceu conosco. Cada um de nós começou com uma meta. Para Jo, era superar o trauma do acidente de equitação; para Jonathan, seria conduzir suas pesquisas e escrever sobre elas. E aqui estamos: pensando grande enquanto compartilhamos nossos métodos e nossas histórias neste livro. De tempos em tempos, vemos que, quando a criação de imagens se torna um hábito diário, amplifica a motivação e expande os horizontes. Você recebeu as ferramentas para *perceber*, *planejar* e se sentir mais *presente* nas tarefas necessárias, e esperamos que tenha se livrado de algumas crenças limitantes e adotado novos modos de estar no mundo.

Se quer saber qual é o nível seguinte, essa é uma ótima pergunta, e depende só de você. Para muitas pessoas, neste ponto, o importante não é ter sucesso nos negócios, no esporte ou em qualquer outro empreendimento pessoal, mas, sim, ter visão compartilhada, agir de acordo com ela e criar grupos de cidadãos globais responsáveis.

Se a ideia de gerar impacto maior e mais amplo no mundo lhe parece atraente, então pense nisto: Que mudança gostaria de fazer neste mundo? Na educação, na saúde mental, na nutrição, na pesquisa sobre o câncer, nos direitos dos animais, na mudança climática ou em outra coisa?

A prática de imagens em grupos no nível seguinte se estende para além de você – aliás, além de seu grupo. É sobre como usar o AIM para provocar mudança positiva no mundo. Você encontrará obstáculos, tal como a necessidade de modificar prioridades pessoais e grupais, à medida que as metas forem se alterando; entretanto, oportunidades tremendas o aguardam. Neste capítulo, damos muitos exemplos sobre ação climática, porque é nossa bandeira pessoal, e somos comprometidos com essa causa, mas você pode aplicar qualquer desafio global aos nossos exemplos.

O efeito rinoceronte-cinzento

Sabia que os rinocerontes-cinzentos estão perto da extinção? Você já doou dinheiro ou investiu tempo e esforço para salvá-los? E quanto ao rinoceronte-branco? Agora, a última pergunta: e o rinoceronte-negro? Já fez doações para salvá-lo? Bem, não adianta mais: o rinoceronte-negro foi extinto em 2011.

O efeito rinoceronte-cinzento é quando sabemos da necessidade imediata de preservar nosso futuro, mas preferimos não fazer nada. Quando sofremos o efeito rinoceronte-cinzento, caímos na ambivalência, sentimos que a mudança ainda não é nossa responsabilidade ou nossos esforços não fariam a menor diferença. A causa pode ser o impacto proximal (a maioria das pessoas nunca viu um rinoceronte) ou o fato de não entendermos a urgência (a probabilidade de extinção do rinoceronte-cinzento parece estar longe demais para agirmos agora). Portanto, não agimos porque a circunstância não afeta nossa vida *hoje*. No entanto, o rinoceronte-cinzento corre risco de extinção, e *podemos* – e devemos – tomar uma providência.

O verdadeiro motivo para você não agir com urgência é que o sentido de urgência vem emaranhado com a motivação. Se quisermos descobrir sua centelha motivacional para salvar o rinoceronte ou qualquer outra coisa, podemos examinar uma teoria da velha guarda.

Se estudou Psicologia, você já viu a Hierarquia das Necessidades de Abraham Maslow. Mais de meio século atrás, Maslow propôs que o ser humano progride por meio de cinco estágios hierárquicos de necessidades no caminho de uma meta: necessidades fisiológicas (bom sono e alimentação), de segurança (boa saúde e condição financeira), de amor e pertencimento (amigos, colegas de trabalho, família e intimidade romântica), de estima (respeito e autorrespeito) e de autorrealização (alcançar a meta).[1]

A teoria resistiu ao teste do tempo, mas tinha pouca evidência empírica até 2005, quando o Gallup iniciou uma pesquisa de cinco anos baseada nas necessidades de Maslow, com mais de sessenta mil participantes, sobre a satisfação na vida. Uma das conclusões do estudo foi que a felicidade tem menos a ver com autorrealização e mais com conexão social. Ed Diener, psicólogo e cientista sênior do instituto Gallup que ajudou a elaborar a Pesquisa Mundial Gallup, disse: "O estudo indicou que as pessoas têm avaliações de vida mais altas quando outros na sociedade também conseguem suprir as próprias necessidades".[2] Em outras palavras, você é mais feliz quando as necessidades das pessoas ao redor são supridas. Se os outros enfrentam grandes reveses, sua qualidade de vida também diminui. Portanto, não podemos esperar que um dia alcançaremos nosso potencial pleno se ignorarmos o sofrimento e os desafios à nossa volta. Qualquer vitória conquistada por meio de imagens será apenas transitória se preferirmos ignorar as necessidades dos outros, incluindo as de seres como o rinoceronte-cinzento.

O efeito rinoceronte-cinzento é conquistável por intermédio da conexão. Imagens geram conexão e nos permitem imaginar conversas com os outros. Permitem que nos relacionemos com as outras pessoas sobre uma base autêntica e realista. Você pode desenvolver atitude flexível, vencedora, e abrir a mente para novas soluções, se levar em consideração os "e se...?" e, então, dar um passo para estabelecer conexões além de si mesmo: aquela que sente com sua comunidade externa e o mundo.

Organizações, grupos e indivíduos são mais eficazes quando começam com base nessa premissa: têm uma visão, por isso precisam trabalhar em retrospectiva, fazendo conciliações e se empenhando em estabelecer uma fundação sólida. Em escala global, já vemos algumas empresas que põem em prática essa mudança visionária. A Ford Motor Company e outras fabricantes de automóveis aumentaram o uso de materiais recicláveis, o que permite que seus carros sejam reciclados – o Ford Focus é oitenta por cento reciclável. A Starbucks adotou o verde e criou literalmente "lojas verdes" que operam com baixas emissões de carbono e usam válvulas de fluxo baixo de água, além de doar grãos de café para compostagem a comunidades locais.

Até a indústria de cosméticos passa por uma reconstituição. A empresa popular Lush Cosmetics faz todos os seus produtos de fontes naturais, vegetarianas, vende-os sem embalagem e não os testa em animais. Contudo, foi um desafio para ela chegar a esse ponto. Antes de assumir o nome atual, a empresa se chamava Cosmetics to Go. Fornecia produtos por encomenda, com postagem gratuita, com bombas de espuma para banheira escondidas em pacotes pardos extravagantes, amarrados com barbante. Os produtos tinham aspecto luxuoso, mas usavam muita embalagem. A postagem gratuita e as embalagens permitiram o rápido crescimento. Hoje, a Lush Cosmetics é comprometida com a mudança. Tem um "fundo de caridade" ao qual as organizações sem fins lucrativos podem recorrer para angariar dinheiro a fim de ajudá-las a alcançar metas de sustentabilidade ambiental.

Como o AIM para grupos pode combater o efeito rinoceronte-cinzento na mudança climática

Sejamos francos antes de falarmos em sustentabilidade e clima. Na questão da mudança climática, o efeito rinoceronte-cinzento foi tão forte sobre a humanidade que nos deixou à beira de consequências cataclísmicas. As calotas polares estão derretendo a um índice de treze por cento por década, e isso continuará, com a consequência de que algumas cidades litorâneas ficarão submersas. Como sabemos disso? Por fotos de satélite coletadas pela Nasa desde 1979.[3] Trabalhamos com economistas e cientistas do meio ambiente que, se antes eram esperançosos, hoje reconhecem que não atingiremos o alvo das Nações Unidas de limitar o aumento da temperatura média global a 1,5°C. Isso significa que partes do mundo certamente experimentarão calor extremo, o que provoca seca, pobreza, declínio da biodiversidade e da pesca, além de risco à saúde causado por doenças trazidas por vetores como a malária.

Muitas pessoas pensam que nós, a raça humana, já estamos muito atrasados. Acham que é impossível mudarmos o resultado dessa crise ambiental e teremos de nos adaptar ou morrer, como as outras espécies. A crise climática é causada pelo ser humano, e, portanto, a solução terá de ser humana também. Por isso, o trabalho de *coaching* com imagens é essencial. Temos esperança de que, se ensinarmos as pessoas a imaginar e dominar seus Pontos de Escolha, algumas poderão enxergar soluções para a crise climática e, então, trabalhar com um grupo que tenha interesse e zelo para cumprir a tarefa.

A mudança global começa no micronível da ação: você e seu grupo imaginando, planejando e agindo juntos. O modelo AIM foi desenvolvido para conectar as pessoas por meio da imaginação e criar perseverança, sobretudo quando surgirem circunstâncias desafiadoras. Hoje, é constante a experiência do efeito rinoceronte-cinzento. Vivemos em uma época de desafio global. Temos uma crise existencial diferente de tudo o que já vimos, e o nível de puro terror e a natureza ímpar da ameaça nos deixaram com sentimento de niilismo, o qual, por sua vez, culminou em inércia atroz. Agora, mais que nunca, a humanidade precisa de uma atitude de vencedor para imaginar, tentar, refinar, adaptar, reimaginar e tentar de novo, até conseguir. Porque com relação a essa crise climática não há alternativa. Precisamos conseguir.

Uma estratégia que ensinamos às pessoas para vencerem o sentimento de inércia é imaginar e descrever seu local de deslumbramento: o lugar onde sentem poderosa harmonia entre elas mesmas e a natureza. Esses locais variam. "Caminhar pela praia e olhar o horizonte." "Observar as estrelas à noite, no vasto desconhecido." "Deitar-se em um campo e olhar as nuvens que passam." O local de deslumbramento é sua arma secreta contra pensamentos indesejáveis; pensar nele o deixa conectado com suas metas e o ajuda a se reprogramar, pois é sua âncora emocional. Tem significado para você, e, cada vez que vier à memória, envolverá o uso de imagens multissensoriais vívidas.

Entremos agora no modo imagens. Comece prestando atenção à respiração. Depois, aos pés. Sinta o chão e sinta-se conectado a ele; não espere que aconteça qualquer coisa especial, apenas fique perceptivo. Imagine-se em seu local de deslumbramento agora. Imagine as cenas, os sons, o clima, o gosto, o aroma, o movimento do corpo, o toque e a emoção. Reconecte-se e elabore. Ainda no modo imagens, imagine agora o mesmo lugar, mas daqui a cinquenta anos. O que mudou no espaço físico? Ou tudo é igual? O que mudou em você ou nas pessoas ao seu lado? Apegue-se a esse pensamento, o pensamento do futuro, por alguns segundos. Agora, imagine cem anos no futuro, mas seu local de deslumbramento não existe mais. Acabou, foi destruído. Como você se sentiria? Essa será uma realidade se não usarmos nossa imaginação para resoluções de conflitos e mudança climática.

O que você faz agora e de modo coerente importa, pois suas ações definem seu futuro e sua história.

O AIM pode ser usado para combater o efeito rinoceronte-cinzento em nível escalar, isto é, além do compromisso e do esforço pessoal. Um exercício poderoso é usar as imagens de futuro, como fizemos com você, para aumentar o sentido de urgência das pessoas. Os grupos podem utilizar imagens para conceber o que aconteceria nos próximos cinco ou dez anos se continuassem a administrar seus negócios como o fazem hoje.

Em geral, iniciamos nosso trabalho nos grupos com um exemplo não ambiental, para evocar discussão. Sugerimos uma temática próxima a eles, como tecnologia, e perguntamos como seria se não implementassem um novo *software* que o concorrente usa para agilizar o fluxo de trabalho. Começamos com um cenário: "Há um novo *software* que seu grupo pensa em acrescentar. A impressão geral é a de que exigirá muito tempo e esforço para implementar o programa e compreender todas as suas capacidades. Será para benefício de toda a equipe, mas envolve grande mudança, e temos medo de que agora não seja o melhor momento". Pedimos ao grupo que imagine o que isso causaria à empresa, às equipes e à vida pessoal de cada um deles e exploramos as emoções e as motivações relacionadas à mudança. Em seguida, mudamos o foco para o clima e examinamos o efeito rinoceronte-cinzento, explorando os

Pontos de Escolha dos participantes em relação a decisões pró-ambientais, como reciclagem, economia de energia, limite de desperdício de alimentos etc. Convidamos os grupos a desenvolverem um cenário próprio: "O que vocês podem fazer, como organização, para exemplificar o combate ao efeito rinoceronte-cinzento?".

Nesse ponto, quase todos os grupos discutem fatores ambientais, embora alguns se atenham à tecnologia. Enfim, pedimos a eles que imaginem *não* serem vigilantes quanto aos comportamentos pró-ambientais, *não* conservarem a água ou – o cenário mais proposto – "não compartilharem um carro para irem ao trabalho". Depois, fazemos perguntas que os incitam a imaginar como seria o futuro se dessem carona uns aos outros para o trabalho, com mais frequência:

- Como o carro compartilhado até o trabalho impacta o ambiente?
- Quais são os benefícios para nós (locais) e para a crise ambiental maior (globais)?
- Por que é importante para mim/nós?
- O que *eu* preciso fazer para me tornar membro ativo do programa? O que isso significa para mim?
- O que *nós* precisamos fazer para começar? Estamos prontos para implementar uma mudança agora? Qual é o nosso próximo passo para a ação?
- O programa é sustentável?
- O que acontece se não o utilizarmos?
- Como podemos avaliar o sucesso ou o fracasso? O carro compartilhado é mais útil ou mais prejudicial? Podemos imaginar os dois cenários?
- Como o programa pode crescer em cinco/dez/cinquenta anos?
- Como é a ação? Podemos ver onde começamos e quais são os demarcadores no caminho?

Os grupos mergulham em imagens, imaginando resultados positivos e negativos que dependem de pôr ou não as coisas em prática. Se o tempo for bem alocado, isso sempre culmina com o desenvolvimento de planos de implementação, e, em seguida, os grupos discutem seus comportamentos.

O momento certo

O momento certo é essencial para a mudança de comportamento. As pessoas só mudam quando estão prontas. Você não pode nem deve forçar uma mudança, pois os participantes recairão no antigo comportamento, a menos que tenham a autonomia incentivada. Para estabelecer o grau de prontidão das pessoas, peça a elas que classifiquem o nível de disposição para começar imediatamente, de 0 (ainda não) a 10 (vamos começar já). Esses pontos podem ser referência para uma exploração mais profunda: 7 pode provocar a pergunta "por que não 5?" ou fazer refletir sobre como seria um 9. Eles possibilitam discussão em grupo e reflexão pessoal. A mudança começa com reflexão (por exemplo, o que a experiência me diz?) seguida de incubação (por exemplo, o que ela significa para mim e para os outros?). Se as pessoas exploram o porquê de se interessarem por metas desafiadoras, começam enfim a pensar em maneiras criativas de implementar a mudança, o que, por sua vez, aumenta a disposição para começar. Isso é importante porque o empenho para alcançar uma meta desafiadora exige criatividade durante todo o processo: planejamento, início, dificuldade, sucesso; e, no fim, você reimagina a próxima jornada. Para salvarmos os habitantes deste mundo, precisaremos ser criativos, e, se quisermos ser criativos, teremos de ser imaginativos.

Imaginemos, então, que você tenha feito algumas mudanças em sua vida em prol do meio ambiente. Talvez tenha aderido a um projeto de despoluição há uns dois meses. Está indo bem, e é possível que tenha atraído ativistas com ideias semelhantes. Você sente grande propósito e significado no trabalho e aproveita a oportunidade para sair e se manter ativo. Um amigo seu do trabalho comenta: "Você está com ótima aparência. O que anda fazendo?". E você responde: "Saio para correr na hora do almoço e levo o lixo ao parque para reciclar".

Seu amigo sorri, e você pergunta: "Quer vir comigo?".

Ele responde: "Hoje não. Talvez outro dia".

Alguns podem estar dispostos a acompanhá-lo, enquanto outros apenas tocam a água com a ponta dos pés, por assim dizer. Se escutar as pessoas e descobrir em que ponto estão da jornada, você poderá compreendê-las e se conectar com elas. Novamente, tudo tem a ver com o momento certo.

Thomas, grande amigo de Jonathan, é executivo chefe de operações em uma grande organização de combustíveis fósseis. É ativista ambiental desde os tempos da universidade, onde começou a participar de marchas organizadas e protestos. Talvez você se pergunte por que um ativista ambiental trabalharia para uma empresa de combustíveis fósseis. Thomas tinha dúvidas quanto a aceitar um emprego cujo pagamento vinha da importação de "energia suja", mas logo compreendeu que sua função era fundamental para uma mudança maior, pois queria garantir que a empresa operasse de modo ético e pudesse ser administrada com o objetivo de diminuir as emissões de carbono. Como ativista ambiental e executivo, Thomas sabia que estaria envolvido nas grandes decisões e, com isso, poderia causar impacto entre os diretores, não apenas como militante segurando cartazes.

Em geral, é no alto escalão de uma empresa que são tomadas as decisões importantes – quando os jogadores chegam a um consenso –, e estas não costumam afetar o local de origem nem são ali implementadas. Em janeiro de 2018, após meses de luta, Thomas pôde direcionar sua equipe a um consenso: a organização declarou uma emergência climática. Chegaram a essa conclusão porque perceberam que as temperaturas globais provavelmente passariam do alvo de 1,5°C, impactando os níveis do mar e os hábitats de todos os seres vivos. Além disso, a empresa reconheceu que estava "colaborando para piorar, de forma significativa, a crise climática". Embora essa decisão fosse uma vitória enorme para Thomas – afinal, ele fez uma grande empresa de combustíveis fósseis anunciar seu impacto negativo sobre o ambiente! –, o momento da declaração foi um ponto de discordância.

Em uma reunião com a equipe de liderança, Thomas disse: "Gosto de ver que estamos juntos. Precisamos agir imediatamente. Então, o que faremos?".

Um dos colegas respondeu: "Vamos usar os próximos dois meses para desenvolver um plano de cinco fases, com o objetivo de reduzir nossas marcas de carbono".

Thomas ficou perplexo com a sugestão. "Não podemos começar agora?", perguntou. "Parece que uma emergência climática deve ser encarada com urgência. Não podemos trocar ideias já?"

Outro colega interveio: "Agora? É precipitado. Precisamos de tempo para focar. Essa é uma ótima oportunidade para desenvolvermos um plano de marketing, principalmente se copiarmos as estratégias de outras organizações bem estabelecidas".

"Exato", concordou o primeiro colega. "Precisamos de um plano de marketing detalhado. Vamos anunciar a emergência no Dia da Terra e fazer uma grande divulgação na empresa. Alguém sabe quando é esse dia?"

Alguém respondeu: "É em abril. Marquei uma viagem com minha família para aquela semana. Não podemos declarar a emergência mais tarde?"

"Acho que o importante", retomou Thomas, "é desenvolvermos uma estratégia de trabalho e anunciar algo imediatamente. O ideal seria daqui a uma semana."

"Quando é o COP24?", o segundo colega perguntou, referindo-se à Conferência sobre Mudança Climática da ONU em 2018.

"Dezembro", Thomas respondeu.

"Perfeito. Vamos desenvolver uma estratégia nos próximos dois ou três meses, pedir à equipe de marketing que considere o impacto e, então, redigimos juntos as políticas empresariais. Assim não precisamos implementar nada imediatamente."

Totalmente frustrado, Thomas disse: "Alguém vê a ironia disso?".

Embora ele tivesse conseguido convencer os colegas da importância da declaração de uma emergência climática, pulou o passo importante de chegar a um acordo no momento certo. Thomas percebeu que o sentido de importância e a prontidão nem sempre estão ligados. Após longa conversa, repleta de meandros, sobre os planos de ação, o desenvolvimento de políticas e as datas de início, a organização concordou em implementar "mudanças significativas às operações, que visem a alvos essenciais de sustentabilidade, a ser efetuadas imediatamente".

Como o AIM ajuda a encontrar o momento certo

O modelo AIM foca na colaboração, no estabelecimento e na conquista de uma meta compartilhada. Essa meta compartilhada é discutida e imaginada, e os demarcadores são estipulados. Com as metas devidamente demarcadas, pedimos aos membros dos grupos que classifiquem sua autoconfiança para alcançar a meta, a importância dela e a disposição para começar (na escala de 0-10 descrita anteriormente). Os pontos individuais são coletados e medidos. A classificação é discutida no grupo, bem como qualquer discrepância de perspectiva. Por exemplo, se um membro do grupo dá 5 pontos à disposição, e os demais marcam 8, o grupo conversa sobre essa discrepância. Classificar a disposição de todos e, em seguida, discutir a respeito de suas perspectivas pode nem sempre aumentar a urgência com que o grupo age de acordo com uma visão externa coletiva, mas permite a cada membro compartilhar seus motivos para agir ou não. Para os grupos com pontos altos na escala de disposição, o AIM aumenta a confiança na meta e acrescenta sentido de urgência, o qual gera um plano de ação. Para os grupos com pontos baixos, a classificação indica que a meta não é a correta naquele momento; portanto, cabe mais empenho no sentido de encontrar uma meta compartilhada, antes de avaliar a importância e a disposição mais uma vez.

Como criar uma alcateia

Thomas era um lobo solitário nas tentativas de implementar mudança, o que diminuía seu passo e o deixava para trás quando a equipe não estava pronta para efetivar tal mudança. Quando dois lobos solitários se encontram e compartilham uma meta, formam uma pequena alcateia. Já não estão mais sozinhos. Mesmo uma alcateia pequena de dois lobos tem o potencial de alterar rapidamente o pensamento e acelerar o passo em direção a uma meta. Imagine um grupo de lobos com a mesma sede de alcançar uma meta única. Seriam imbatíveis, e seu desempenho, genial.

Uma alcateia voraz tem um objetivo específico que atiça uma identidade distinta por meio de decisões criativas, planos de ação e a própria ação. Imagine-se em uma alcateia de alto desempenho. Talvez já tenha estado em uma. É o tipo de grupo que "faz". É coeso. Cada membro compartilha do mesmo propósito, vê importância na meta e é energizado por ação.

Criemos agora algumas imagens em torno disso. Como é esse grupo? Qual é a sensação de fazer parte dele? Como os membros do grupo variam em personalidade? Como as visões se alinham ou divergem? Há diretrizes para novos membros que queiram entrar na alcateia? Quais são elas?

Grupos de alto desempenho têm diferentes pensadores que compartilham pontos de vista sem restrições. O grupo desenvolve rapidamente o potencial dos membros e encoraja um ambiente compassivo, próspero, no qual as pessoas podem falhar, aprender e sentir que recebem apoio.

Como o AIM forma a alcateia

O modelo AIM alinha valores, crenças, atitudes e metas do grupo. Cria sentido de urgência oferecendo ferramentas para imaginar, com detalhes multissensoriais, como seria o fracasso e, depois, qual seria a sensação de alcançar a meta desejada. Quando usamos imagens em grupos para explorar cenários juntos, notamos que os membros do grupo assumem, com mais gosto, o processo e o resultado enquanto se empenham no caminho dos demarcadores estabelecidos. Isso mantém o esforço de todos focado nas tarefas mais importantes, melhora a comunicação e gera responsabilização no grupo inteiro. De modo geral, o processo do AIM amplifica as conexões do grupo, criando sentido de pertencimento e compromisso com uma meta desafiadora que transcende o propósito pessoal.

Incentivo ao pensamento diversificado para encontrar soluções criativas

Ciara é gerente de um dos fundos de cobertura (*hedge funds*) de mais alto desempenho do mundo. Antiga capitã da equipe de tênis de Harvard, ela detesta perder. Quando sua equipe não conseguiu se dar bem em uma experiência de jogo de escape (*escape room*) no tempo previsto, ela ficou perplexa. Com a mentalidade voltada ao crescimento e disposta a aprender com os próprios erros, Ciara perguntou ao gestor do jogo: "Alguém consegue sair, afinal? E qual é o perfil de quem o consegue?".

"Sim", ele respondeu. "Grupos de pensadores, artistas, músicos e escritores criativos conseguem sair. O essencial é ouvir e colaborar."

A história de Ciara ilustra a importância da cooperação entre os diferentes pensadores em ambientes que incentivam o apoio. Se quisermos encontrar soluções para os crescentes problemas da atualidade, desde os cuidados com a saúde até o ambiente, devemos expandir a mente e convidar pessoas que pensam fora da caixa. A natureza humana determina nossa tendência a preferir a companhia de pessoas que pensam como nós, mas só poderemos resolver nossos problemas, desafiar o próprio raciocínio e inovar se abrirmos as portas para pessoas com pensamentos divergentes, de origens diversas, que desafiem nossas visões, apesar de apoiarem nossa meta.

Quando trabalhamos com militares, ninguém fala de Deus e de pátria. Quando perguntamos aos soldados por que entraram para as Forças Armadas, eles costumam dizer: "Para ter um emprego garantido", "Para conhecer pessoas que pensam como eu" ou "Para viajar pelo mundo e aprender um ofício". Nunca ouvimos um soldado mencionar Deus, o rei, o presidente, ou defender as fronteiras de seu país. Ao discutirmos metas, exploramos o fato de que todos nós – todos os soldados (e pesquisadores) – somos movidos pela mesma meta, apesar de nossas diferentes origens e modos de pensar.

Nós *todos* compartilhamos uma meta que nos dá propósito único, e isso cria nosso vínculo inicial. Com o fortalecimento desse vínculo no decorrer das semanas, e à medida que nos conectamos e percebemos a importância de cada membro do grupo, a motivação da alcateia aumenta.

Bons grupos reconhecem a importância da diversidade de pensamento, de personalidade e de formação da pessoa. Cada um de nós tem habilidades e experiências únicas. Diferenças no modo de pensar, combinadas com as características pessoais, nos permitem ser distintos. Isso significa que, embora sigamos uma meta como grupo e nos identifiquemos com a personalidade desse grupo, somos capazes de reconhecer nossa contribuição individual para alcançar a meta. Pensamentos e temperamentos evoluem enquanto reconhecemos a identidade do grupo e nos possibilitam pensar de maneira criativa como unidade. Essa dinâmica é essencial na alcateia, pois todos trazem uma perspectiva nova que pode ser usada para fortalecer a abordagem coletiva de vencer desafios.

No treinamento de combate, em que os soldados precisam se mobilizar sobre um alvo, a diversidade de pensamento e de personalidade determina que alguns indivíduos prefiram dar instruções e direcionar o fluxo de movimento. Outros querem reavaliar o plano e checar o progresso, enquanto outros, ainda, preferem prosseguir com o exercício e não ouvir mais ninguém berrando ordens. Seja qual for o desejo dos soldados, suas preferências são essenciais para o modo de operação da unidade, desde o planejamento até exercício funcional.

Como o AIM encoraja o pensamento diversificado

Em grupos de bailarinos, o treinamento com imagens pode melhorar a criatividade e o pensamento flexível no desenvolvimento de uma nova coreografia.[4] Em um estudo, em seis sessões, os bailarinos aprenderam imagens multissensoriais e exploraram movimentos em grupo, criando uma ideia coreografada específica e inovadora. Os resultados mostraram que o compartilhamento de ideais divergentes e o uso de imagens podem produzir conceitos novos e aperfeiçoar o raciocínio flexível.

Quando usamos o AIM com grupos, as pessoas relatam mais abertura pessoal e positividade e observam que o AIM dá a todos uma plataforma igual, onde podem se envolver juntos em atividades de planejamento. Como descrevemos no Capítulo 7, em nosso trabalho com militares, os soldados discutem planos adotando diferentes perspectivas, por exemplo, pensar no que o inimigo pode fazer. Imaginam o Plano A, o Plano B e o Plano Z antes de concordarem em relação à melhor estratégia para o grupo. Esse é o momento em que a diversidade de pensamento crítico desempenha papel fundamental. Depois que o grupo cria o melhor plano, cada membro aceita sua função (por exemplo, Soldado A: "Eu me posiciono no ponto 3, enquanto você me cobre do ponto 2 em diante, e depois avanço para o ponto de entrada"). Em seguida, os soldados se comprometem com o plano (por exemplo, Soldado B: "Coordeno o avanço do ponto 2 em diante. Estamos todos de acordo com esse plano?"). Por fim, eles põem o plano em prática.

Pensadores diversificados que alcançam as metas do grupo geralmente enxergam além da meta e consideram as maneiras como vão apoiar suas comunidades locais. É comum notarmos esse fenômeno com grupos que organizam eventos comunitários para angariar fundos, como corridas de cinco quilômetros ou dias da família, ou algum trabalho voluntário em cozinhas comunitárias ou *food trucks*. Essas ideias costumam vir de um lobo solitário com visão criativa que ganha força no trabalho com a alcateia por causa do sentimento de conexão entre os membros.

Como sua alcateia determina o progresso em direção à meta unificada? Uma alcateia resoluta define a velocidade com a qual avança para os alvos, sempre no caminho de uma meta geral escolhida. Com energia e entusiasmo, a alcateia foca a atenção no alvo, desenvolvendo e implementando uma solução criativa. Quando é bem-feito, o trabalho em equipe produz uma cultura de grande empenho e esperteza, que se torna a norma para o grupo realizar as tarefas.

Sacrifício

Pense em uma época na qual você fez um sacrifício para alcançar uma meta ou um alvo. Talvez tenha obtido um certificado ou uma qualificação técnica, ou se dedicado a um passatempo. Quando dizemos "sacrifício", não nos referimos à sensação de comprometimento, como ter de sair do escritório todos os dias às cinco da tarde em ponto porque seu chefe é maníaco por controle. Falamos aqui de uma parte necessária de sua nova rotina, de seu novo normal, que você internalizou. Esse tipo de sacrifício acontece frequentemente nos esportes. Vemos atletas sacrificando a vida social, eventos em família, renda e horas de sono. Quando lhes perguntamos por que fazem tantos sacrifícios, eles respondem: "Faz parte da vida de atleta". Talvez você seja um lobo solitário ou pertença a uma alcateia. Seja o que for, precisará fazer sacrifícios explícitos, deliberados, para alcançar metas difíceis.

Claro que no início o sacrifício é desconfortável, pois você muda o comportamento. Criar um novo normal parece difícil porque desafia os pensamentos automáticos. Esse sentimento de sacrifício é definido como *medo de perder algo*, ou FOMO (em inglês: *fear of missing out*), ou *medo de opções melhores*: FOBO (*fear of better options*): o medo de escolher determinada ação no lugar de outra que possa trazer gratificações imediatas. Antes de uma competição, você vai a uma festa com os amigos ou fica com os colegas de time? Quando você admite que um sacrifício específico faz parte de sua identidade, ele se torna uma norma cognitivo-comportamental. Por exemplo: "Sou médico, por isso, às vezes, preciso trabalhar até tarde da noite e me privar de contato social".

O desenvolvimento de identidade e de normas compartilhadas faz parte do processo de formar uma alcateia. Essas qualidades, quando adotadas por pensadores diversificados, geralmente são um chamado à ação, e isso envolve sacrifício. O serviço voluntário, por exemplo, talvez tome algum tempo do fim de semana, sacrifício que você escolhe fazer imaginando um trabalho de equipe por meio de um ato altruísta. Essa percepção altruísta, se aliada ao seu propósito e significado, lhe permite lidar rapidamente com seu Ponto de Escolha e mudar das imagens FOMO/FOBO destrutivas (por exemplo, comer um bolinho) para imagens construtivas (a roupa favorita que você poderá usar de novo).

Como o AIM incentiva o sacrifício deliberado

Em nosso trabalho com atletas olímpicos, percebemos que a identidade de grupo produz comportamentos específicos que se baseiam nas rotinas da equipe (por exemplo, chegar cedo aos treinos), nas atitudes coletivas (para sermos os melhores, precisamos fazer sacrifícios) e nas expectativas do grupo (dar *feedback* construtivo aos colegas). Essas ações se tornam práticas normais e, às vezes, resultam em sacrifícios ou na adoção de um novo comportamento. Sempre que você trabalha de olho em uma meta, seja ela sua ou do grupo, o sacrifício deve ser uma escolha autônoma feita por cada membro para um benefício futuro.

Mario, nadador italiano, mudou de endereço para ficar com a melhor equipe de natação do país. Por causa disso, foi morar em um apartamento com mais quatro nadadores de altíssimo desempenho. Entre eles, os nadadores treinados com AIM criaram normas para atingir uma meta de longo prazo. Imaginavam os obstáculos que poderiam aparecer por morarem juntos e terem de cuidar da saúde. A principal dificuldade era seguir uma dieta saudável. Estabeleceram algumas regras básicas: primeiro, nada de carboidratos, como pães, pois acreditavam que o pão não era o melhor combustível para nadar, e, portanto, seu consumo iria contra o valor coletivo de alimentação saudável. Para eles, viver sem pão era um sacrifício pequeno, compensado por uma grande diferença no desempenho. No lugar dos carboidratos, comiam aveia, arroz integral e muitos legumes, sempre policiando uns aos outros na dieta. Chamavam-na de "comida limpa". Mario parou de comer todas as coisas "sujas" e contribuiu para o controle da alimentação entre os colegas nadadores.

Quando um grupo se torna uma alcateia de lobos, seu compromisso com as metas inspira outros a investir esforço. É o que chamamos "estufa de talentos",[5] que são os locais onde pessoas com o espírito parecido treinam, aprendem, competem e crescem juntas; e, com metas parecidas, desenvolvem normas contagiantes. Essas normas da alcateia moldam a cultura que conecta a todos, se a organização permitir essas oportunidades.

As normas formam também os grupos nas corporações. Pedimos aos membros de um grupo corporativo que citassem um sacrifício deliberado feito recentemente. O item número 1 da lista foi a decisão de converter um espaço vazio ou disponível em um escritório para poderem trabalhar em casa. Você pode achar que não é um grande sacrifício, mas transforma o ambiente do lar em local de trabalho, o que, segundo vários funcionários, "aumentou o estresse e diminuiu a produtividade". Perguntamos ao grupo como seria possível criar uma norma geral para melhorar a carga de trabalho enquanto fosse feito esse sacrifício voluntário. Os membros escolheram, enfim, sextas-feiras livres de reunião por vídeo e tardes de criatividade às quartas-feiras ("Quer trabalhar em um projeto comigo? É a norma da quarta-feira!") para criar conexão e pertencimento no grupo, além de recuperar o controle sobre o estresse e a produtividade. Um sacrifício deliberado levou o grupo a adotar uma norma nova, a qual, por sua vez, tornou o sacrifício manejável. Estar conectado aos outros enquanto você faz escolhas independentes, como desligar a câmera do computador, aumenta a autonomia por meio do significado (importância pessoal). No caso do grupo que queria melhorar a experiência de trabalhar de casa, a oportunidade de participar das tardes criativas é escolha de cada um, mas a oferta deve ser feita. A oferta e o ambiente devem ser apropriados, e, quando as pessoas veem valor e significado na atividade, ela se torna parte da rotina, e, assim, nasce uma norma.

Mario logo mudou os hábitos alimentares não só para acompanhar os colegas de quarto, mas porque era o caminho correto para melhorar seu desempenho no esporte. Ele "viu" o valor do sacrifício porque se relacionava com sua paixão: nadar. Começou a usar essa percepção sempre que se deparava com um Ponto de Escolha: em vez de ceder à tentação sob impulso, conseguia relaxar, lembrando-se de que uma alimentação não saudável colidia com seus valores e o comportamento escolhido.

Viagem no tempo: recapitular e analisar

Quando treinamos indivíduos e grupos, o *workshop* final envolve viagem no tempo com imagens, pois recapitulamos as habilidades que os participantes aprenderam e conduzimos uma análise de suas narrativas. Essa última parte fecha nosso círculo, quando usamos essas habilidades e reimaginamos a mudança – uma mudança não apenas baseada na pessoa ou no grupo, mas que transcende os participantes porque foca em quem poderia herdar sua função ou até em nosso planeta. Nesse ponto, geralmente constatamos que as pessoas e os grupos começaram a usar imagens de maneira que ultrapassa suas metas individuais e descobriram valor real no uso dessas imagens. O período necessário para enxergarem esses benefícios varia entre os indivíduos e os grupos. Trabalhamos com equipes que alcançaram as metas em seis semanas; outras precisaram de um ano. O AIM promove pertencimento, e conexão profunda requer tempo. Quando esse tempo existe, as pessoas fazem sacrifícios, compreendem a importância do pensamento diversificado e desenvolvem mais sentido de urgência.

O último exercício que conduzimos envolve viagem no tempo e contação de histórias, duas atividades que amplificam a motivação e alinham metas baseadas em propósito, pois as impulsionam para além de nosso círculo imediato, até a comunidade externa, e as estendem também para fora de nosso tempo de vida.

A viagem no tempo é possível. Na realidade, fazemos isso o tempo todo. Quando estamos nostálgicos, viajamos no tempo. Quando imaginamos nosso futuro ou nos preocupamos com ele, isso é uma viagem no tempo. Fazemos esse tipo de viagem todos os dias, e, ocasionalmente, ela é assustadora ou triste, como nas vezes em que pensamos em experiências vividas, com sentimento misto de alegria e tristeza, naqueles "bons e velhos tempos". Aonde quer que sua mente vá, a viagem no tempo tem a ver com as emoções. O AIM tem o objetivo de *transcender nossas metas e expectativas iniciais*, por isso utilizamos aqueles laços emocionais para definir bons comportamentos no presente, de modo que nosso futuro seja muito melhor do que poderíamos imaginar.

Em um de nossos projetos de pesquisa não publicados, voltamo-nos à próxima geração. Pedimos a duzentos e noventa e quatro estudantes de três escolas, todos com idade entre catorze e dezenove anos, que classificassem quanto acreditavam que poderiam ter influência pessoal sobre a mudança climática. Usamos uma escala de 1 (nenhuma influência!) a 10 (total influência!). A média coletiva dos pontos foi 2,4. Em seguida, perguntamos se o grupo inteiro, com espírito de união, poderia influenciar a mudança climática. Os resultados foram semelhantes: média de 2,6. Era preocupante.

Solicitamos aos professores a criação de um conselho estudantil de sustentabilidade. Eles não poderiam forçar os alunos a participar; tinha de ser voluntário. Reunimo-nos com vinte e nove alunos que se ofereceram para entrar no conselho e os separamos em cinco grupos. Pedimos, então, que fizessem três coisas: a primeira era discutir por que seria ou não importante tomar decisões ambientais sustentáveis. Para essa tarefa, os alunos precisariam fazer anotações em um diário e apresentar as conclusões ao grupo. Em segundo lugar, aferimos a habilidade deles em criar imagens e lhes ensinamos a refiná-las. Em seguida, ensinamos todos a fazer uma viagem mental no tempo.

Instruímos os alunos a encontrar seu local de deslumbramento: o pico de uma montanha ou uma praia, por exemplo. Pedimos que sentissem o vento e a temperatura, ouvissem as conversas das pessoas e se sentissem conectados. Depois, teriam de desenhar um contraste mental entre o local de deslumbramento no presente e como ele seria dali a cem anos se nenhuma providência fosse tomada quanto à mudança climática. Ao mesmo tempo, nós os convidamos a escrever no diário quanto pensavam em sustentabilidade e clima. Esse seria o diário dos pensamentos. Por fim, pedimos que se comprometessem a se dedicar ao menos a uma atividade sustentável, por exemplo, reciclagem. Cada um podia escolher o que quisesse.

Duas semanas depois, reunimo-nos novamente com os estudantes. Eles nos deram *feedback* sobre o que aprenderam, refinaram e puseram em prática. Estavam fazendo escolhas mais conscientes e alertas e eram criativos na implementação dessas escolhas. Uma aluna, Lucy, começara a tomar banhos frios, pois, como a água não estaria em temperatura agradável, esses banhos seriam mais rápidos e, com isso, ela economizaria água. Outros dois estudantes haviam construído colmeias artificiais, e nove começaram a carregar copos reutilizáveis. Todos se aplicavam ativamente na questão da sustentabilidade. Mas o que aconteceu depois foi ainda mais interessante: formaram uma alcateia.

O conselho estudantil de sustentabilidade trouxe mudanças à escola. Lucy, que já tomava banhos frios havia duas semanas (ela contava), perguntou aos administradores da escola se a água quente nos chuveiros podia ser diminuída. Os alunos que tinham feito colmeias trabalharam com o departamento de Ciências para construir mais e as espalharam pelo terreno do colégio. Coletivamente, os estudantes trabalharam com as equipes administrativas para remover plásticos de uso único. Também com os funcionários da lanchonete, eles se empenharam em controlar o tamanho das porções para reduzir desperdício, e um dos grupos espalhou cartazes para lembrar os professores de apagar as luzes e desligar os monitores dos computadores quando não estivessem em uso.

No fim do ano letivo, fizemos aos mesmos duzentos e noventa e quatro alunos as duas perguntas anteriores: em uma escala de 1 a 10, você acha que pode ter influência pessoal sobre a mudança climática? Seu grupo ou sua escola podem ter essa influência? Os pontos para as duas perguntas juntas subiram para um estonteante 7,4. Os alunos não eram apenas uma força de ação; eram uma alcateia de lobos focada em ação urgente.

Se esses estudantes puderam realizar tanto graças à viagem mental no tempo, imagine o que nós faríamos!

Conclusão

Você não pode passar um único dia
sem causar impacto ao seu ambiente.
Suas ações fazem diferença, e você precisa decidir
que tipo de diferença será.
- Jane Goodall

Jo e a namorada iniciaram uma nova tradição para combater o que chamam de "incêndios à mesa de jantar", termo que começaram a usar após lerem o livro *ADHD and Me: What I Learned from Lighting Fires at the Dinner Table*, de Blake E. S. Taylor. A tradição consiste em uma caixa de perguntas. Cada pessoa ao redor da mesa pega um cartão, o lê em voz alta e espera até que todos deem suas respostas. (Claro que Reid, de quatro anos, precisa de ajuda para ler as perguntas.) Em uma segunda-feira, depois de um dia puxado, Jo pegou um cartão com esta pergunta: "Você deixa as coisas pequenas afetarem as grandes?".

"Sim", "sim", "sim", "sim."

"E quem não deixa?", perguntou Andrew, de nove anos.

O pequenino Reid discordou: “Eu não deixo!”.

Todos riram. Embora ainda não compreendesse o conceito, sua resposta pareceu perfeitamente verdadeira para Jo e a namorada. Quando o voo para Utah atrasou e a companhia aérea perdeu uma de suas malas de esqui, obrigando-as a esperar no aeroporto uma hora da manhã, Reid, sem se perturbar, apontava para a lua e para os picos cobertos de neve, entusiasmado.

Enquanto todos estavam exaustos e irritados, Reid olhava tudo ao redor, fascinado, animadíssimo. Escrevemos este livro com o objetivo de ajudar você a recuperar a imaginação de sua criança interior de quatro anos, olhar à frente do desconforto imediato, ver o cenário maior e conectar-se com o que realmente importa. Nossa meta é fazer com que você entenda que tem dentro de si um poder que o ajudará a enxergar o cenário total e a não deixar que as coisinhas sem importância o impeçam de realizar seus sonhos.

Esperamos que use as informações aqui compartilhadas para fortalecer-se e escolher conscientemente seu foco. Prefere se concentrar na perda de uma mala e nas emoções que isso traz ou na beleza das montanhas e na sensação de deslumbramento que inspiram?

A mala apareceu alguns dias depois. Nas palavras de Jo: “Nenhum de nossos pensamentos mudou o resultado de quando a mala foi encontrada, mas com o comentário de Reid, que mudara nossa perspectiva, os pensamentos *alteraram* nossa experiência”. Não fosse por Reid, a família de Jo poderia ficar atolada no Modo Negatividade, e elas teriam perdido a oportunidade de vislumbrar as magníficas Montanhas Rochosas.

Você pode escolher se vai focar no que perdeu ou no que ganhou. Só cabe a você.

Fez uma jornada de autodescoberta conosco, uma viagem que começou com uma reflexão para você estabelecer seus valores, seu propósito e seu significado. Esse é um ponto de partida vital, pois é uma bússola interna para você ver e entender o mundo. Ao se conectar com um significado mais profundo, você é capaz de se comprometer e seguir firme em direção à meta.

O que esperar

A mudança significativa acontece em graus pequenos. Quando você se depara com os sessenta e poucos Pontos de Escolha de cada dia, começa a perceber que tem muitas oportunidades de optar pelo progresso no caminho até as metas.

Agora que leu este livro, talvez sinta que percebe melhor seus Pontos de Escolha à medida que surgem, porque compreende melhor o falatório interior. Suas metacognições – o que você pensa a respeito do pensamento – devem estar hipersensíveis. Isso não só é normal como também desejável. Talvez você tenha pensamentos do tipo: "Invento desculpas para não me exercitar; percebo isso e quero mudar".

Além de percepção mais apurada de seu falatório interno, a qualidade de suas imagens vívidas provavelmente aumentará. Quando elaborar e ensaiar os pensamentos, usando as novas habilidades com imagens, você sempre refinará a capacidade de imaginar o futuro e a vida que deseja ter. Quanto mais praticar, mais clara será a imagem. Nesse processo de refinamento, permita-se experimentar as emoções de se tornar a pessoa que você quer ser, aquela que agirá de acordo com seus valores, seu propósito e seu sentido de importância ou significado.

No fim, a prática com imagens lhe mostrará um novo modo de lidar com desafios. Você terá atitude flexível às mudanças enquanto foca naquilo que mais lhe importa.

Conforme se desenvolve essa habilidade, é normal começar a discernir os desafios. Talvez você sinta que a prática de imagens é trabalhosa e difícil, se ainda não refinou seu estilo nem assumiu o controle dos Pontos de Escolha que surgem no caminho. Tudo que vale a pena envolve desafios. A habilidade com as imagens depende de sua disposição em praticar, aplicar e aprender.

A parte mais satisfatória de nosso trabalho é ver as pessoas investindo esforço e tempo na criação de imagens e na mudança. Cada um tem ritmo próprio. Encontre o seu e *confie nele*. Descobrir o que funciona melhor para você pode levar tempo, sobretudo se estiver desconectado de seus valores ou limitado por experiências passadas. Dê tempo para se conectar com o que o motiva. Siga com coragem e desafie os pensamentos negativos; assim, verá que muito mais é possível do que você sonhava.

Nos anos em que desenvolvemos e adaptamos o FIT e o AIM, descobrimos que existem fatores não negociáveis no processo; são aquelas coisas que você precisa fazer se quiser dominar o Ponto de Escolha, como pessoa ou como membro de um grupo. E esses fatores vêm em sequência – valores, crenças, atitudes, cognições (imagens) e ações – e são os elementos fundamentais que abordamos na hora de avaliar nosso trabalho com os clientes na última sessão. Damos a esses momentos finais o nome de Princípios do "Seja Você". Eles constituem as lições essenciais que gostaríamos de deixar com os leitores.

Valores são o curinga dos Pontos de Escolha

Se alguém lhe perguntar "Quais são seus valores?", o que você responde? Hoje, esperamos que possa determinar seus valores essenciais com facilidade porque já reflete sobre a importância deles desde o capítulo 2. Seus valores são as cartas na manga, aquelas que você tem orgulho de compartilhar com os outros. Viver segundo seus valores lhe permite se livrar do sentimento de desequilíbrio. Uma pessoa que valoriza a saúde, mas fuma e bebe todos os dias, vive em estado de conflito interno, no qual o cigarro oferece um Ponto de Escolha.

Sabemos que pessoas bem sintonizadas com seus valores e que os vivem diariamente são mais propensas a seguir metas desafiadoras e a perseverar diante das adversidades. Os valores são o curinga do Ponto de Escolha: podem ser usados a qualquer momento para vencer quaisquer obstáculos no jogo da vida.

Nos grupos, os valores continuam essenciais porque criam conexão e expectativas. Se perguntássemos a você e ao seu grupo quais são seus valores comuns e os distintos, além da meta compartilhada, vocês saberiam? Seu grupo é único, com identidade própria, e cria o ecossistema, ou a cultura, em que todos trabalharão. Seus valores pessoais e os valores dos outros membros do grupo, quando combinados com os valores organizacionais e uma meta compartilhada, criam a vantagem do grupo: aquilo que os distingue. Quando todos reconhecem a vantagem do grupo, empenham-se na mesma direção e podem ajudar no desenvolvimento de um fluxo de trabalho transparente.

LIÇÃO 1:
Esteja preparado com seus valores.

Eles são sua bússola, e, com eles,
você muda o jogo.

A atitude predomina sobre a crença

As crenças, que consistem em sua atual predisposição mental, são criadas com base em experiências passadas, que afetam a percepção de possíveis mudanças futuras. A situação é semelhante à de um jogador de pôquer que julga sua posição com base nas cartas que tinha antes e nas possibilidades daquelas ainda não viradas. Por exemplo, se você não teve muito sucesso ao se exercitar para perder peso, é compreensível que desenvolva a crença de que não pode fazer nada para mudar esse cenário. Entretanto, mesmo com essa crença fixa, você ainda pode progredir e alcançar a mudança.

Quando Jonathan começou a medir e a treinar predisposições mentais há uma década, descobriu que alguns atletas olímpicos percebiam que não conseguiam mudar o nível de talento, porém tinham atitude flexível, tenacidade e zelo. Diziam: "Achei que não conseguia me aperfeiçoar, mas segui tentando e fiquei cada vez melhor". Essa atitude predominou sobre a crença. E o mesmo pode acontecer com você.

A melhor atitude na hora de considerar os "e se...?" é adotar visão otimista para enquadrar os problemas; é um salto, seja sua predisposição mental negativa ou positiva em qualquer momento. É o pensamento que conecta seus valores com a possibilidade imaginada de mudança. Esse é o motivo pelo qual tantas pessoas jogam na loteria, embora percam todas as semanas. Você aposta ou não (o que não significa que sejamos favoráveis às loterias). Apostar na loteria não é uma ação baseada em crenças lógicas e em predisposição; baseia-se na atitude. Jogadores contumazes dizem: "Ora, e se eu ganhar?".

Arraigadas em predisposição mental fixa ou de crescimento, individuais ou coletivas, as crenças mudam com a atitude. E atitude de vencedor cria espaço para esforço e imaginação. É aí que entram a curiosidade e o desafio. Quando nossas crianças estão brincando, dizemos a elas: "Vamos, experimente! Tente!". E observamos a curiosidade de nossos filhos enquanto se esforçam, incansáveis, para aprender. À medida que tentam, dão forma aos seus Pontos de Escolha.

Quanto a nós, precisamos ser incansáveis com nossa curiosidade e nossos impulsos e permitir que a mente imagine as possiblidades advindas da atitude flexível de tentar, a despeito das dificuldades. É assim que reformulamos nossos Pontos de Escolha: perseverando com as escolhas pequenas certas que nos aproximam de nossas metas.

A curiosidade constrói colaboração e abre espaço para novas ideias. Ser curioso significa desapegar-se da tendência de estar sempre certo ou de ser o especialista. A curiosidade nos leva a correr o risco de dizer às pessoas: "Estou aberto para ouvir seu ponto de vista". Mesmo o melhor e mais experiente tenista pode aprender com um iniciante, desde que tenha atitude flexível de vencedor.

Certa vez, Martina Navratilova treinava uma amiga de Jo, Pam, a dar saques. Jo, que não joga tênis, notou que Pam movia os pés ao sacar, enquanto os pés de Martina pareciam grudados na quadra. Ela percebeu que Martina não via esse detalhe porque estava ao lado de Pam, acompanhando os movimentos da parte superior de seu corpo.

"Acho que o problema está nos pés", Jo disse a Martina. "Estou curiosa para saber se você verá isso, caso a observe de onde estou sentada."

Martina pareceu contrariada, mas fez o que Jo sugeriu. Sentou-se onde Jo se sentara antes e viu.

"Uau!", exclamou. "Você tem razão!"

A atitude positiva, combinada com a positividade dos outros, cria atitude de vencedor para o grupo. Em vez de restringir seu pensamento com rigidez, observe com a mente inquiridora e seja um pesquisador curioso, tanto sozinho quanto no grupo. Essa atitude de vencedor promove uma cultura de aprendizagem, aumenta os esforços e gera um ambiente onde cresce o talento.

LIÇÃO 2:
Seja curioso para aprender.

Esse é o segredo da atitude de vencedor para você e seu grupo.

A criação de imagens requer elaboração

Dizem que a vida não é um ensaio teatral, mas com as imagens você tem uma ferramenta que lhe permite fazer bons ensaios. A predisposição mental e a meditação lhe permitem perceber o momento presente, enquanto o treinamento com imagens o prepara para aquilo que o aguarda na esquina. Na prática de equitação, se você foca apenas na cerca à frente, pode se perder depois do salto, sem saber para onde ir. Um bom jóquei planeja o ritmo, vê a distância, assume um compromisso e prevê *o que vem em seguida*. Sabe, *antes de saltar*, se deve ir reto ou virar à esquerda ou à direita depois.

Velejadores observam o vento além daquele que vai atingir o barco, pois querem ver para onde vão em seguida. Algo semelhante acontece nas corridas automobilísticas: especialistas como Andy Priaulx ensinam os pilotos a olharem para "além da curva".

O uso ideal de imagens é com a elaboração de três ou mais sentidos, além de com o auxílio das emoções, e ele permite que você veja os detalhes do que está além do visível.

LIÇÃO 3:
Seja detalhista ao usar imagens.

Isso é seu ensaio teatral.

Prática de imagens para o caminho certo

A esta altura, você já deve ter experimentado e usado o LAP – localizar o sinal, ativar a imagem e perseverar no plano – em tudo o que parece funcionar melhor no seu caso. Sinais verbais ou físicos desencadeiam pensamentos que levam a comportamentos. Os sinais importam, principalmente quando se alinham aos significados. Se você resolver seguir a ciência deste livro e aplicá-la, esperamos que incorpore, pelo menos, essas duas coisas essenciais em sua rotina diária. Primeiro, estabeleça um sinal inicial, como o aroma do café logo pela manhã, para ativar o modo imagens, que lhe permitirá experimentar o futuro em detalhes vívidos antes de ele acontecer. Depois, use outro sinal, como a respiração profunda, para reprogramar os pensamentos quando houver um deslize e retomar o caminho, alinhando as ações aos seus valores. Ou talvez prefira escolher um sinal prático para utilizar em qualquer local; um que não necessite de um objeto ou aroma específico e seja sempre fácil de acessar. Neste livro, recomendamos que pare o que está fazendo, respire fundo, segure a respiração por dois segundos e, então, expire. Escolhemos esse sinal porque a respiração está sempre com a pessoa. No entanto, caso sinta que outro tipo de sinal funciona melhor para você, use-o. Lembre-se: você é o personagem principal de sua história.

À medida que praticar a abordagem LAP, você poderá redirecionar seu pensamento rapidamente. Constatamos que a maioria das pessoas que refinaram e desenvolveram a prática de imagens conseguem elaborar, com facilidade, os detalhes do que desejam, mais do que o que não desejam, quando se deparam com um Ponto de Escolha. Experimente com sinais que sejam certos para você; lembre-se, contudo, de associá-los aos seus valores, porque eles ativarão as emoções ao longo das imagens.

Em grupos, times e organizações, o uso do AIM como forma global de planejamento para enfrentar desafios é benéfico. As imagens ajudam na hora de criar a visão geral do ecossistema da organização e são ótimas para os grupos no momento de criarem um microcosmo próprio, desenvolvendo processos para manter a resiliência contra os desafios antes que surjam.

É possível que você e seu grupo já tenham feito algo semelhante em sua organização. Talvez tenham a reunião ocasional de estratégia, na qual se planejam contra ameaças antes de estas apareceram; mas é raro um grupo fazer isso semanalmente.

Embora essa atitude consuma tempo e exija muita energia, recomendamos a prática de planejamento formal na organização a cada semana. Os benefícios superam os custos. Com o tempo, você notará aumento significativo de produtividade, melhor equilíbrio pessoal e boas horas de sono, além de menos estresse geral, tanto para você quanto para os demais membros do grupo.

Em todo e qualquer caso, seja o uso de imagens individual ou coletivo, o processo de compartilhar metas e se comprometer com um plano energiza as pessoas a entrarem em ação. O mero ato de todos discutirem juntos as metas já é em si uma intervenção. Quando você costuma falar de metas em reuniões agendadas, a própria reunião se torna um sinal. Cria espaço para as imagens, enquanto as pessoas desenvolvem expectativas e trabalham no caminho da responsabilização planejada.

LIÇÃO 4:
Esteja alerta aos seus sinais.

Use-os para ativar as imagens.

Viva de acordo com as próprias regras

Em nossas sessões finais com os clientes, pedimos que nos ensinem o que aprenderam. Geralmente, eles falam primeiro de seus valores, de crenças outrora rígidas e de como a atitude flexível lhes possibilitou aplicar esforços e investigar novas metas, permitindo-lhes imaginar novas possibilidades. A tarefa final que damos a eles é determinar os três comportamentos de compromisso.

Jonathan fez a seguinte pergunta a um CEO, seu cliente: "Para você viver segundo seus valores, quais são as três coisas de que não abriria mão?".

O CEO respondeu:

> Meu primeiro valor é a família; meu foco é estar presente com minha família. Tenho uma meta, que é segurar a mão de minha filha todos os dias para ficar mais conectado e me sentir presente. Nada de telefone, nada de mensagens, apenas estar ali, presente. O segundo valor é a amizade. Não abriria mão dos encontros com os amigos às terças-feiras para me sentir conectado com outras pessoas. Cancelei muitos nos últimos tempos, o que me deixou desconectado, mas esse é um dos meus valores essenciais e preciso voltar aos encontros. Meu terceiro valor são a saúde e o equilíbrio,

que são inseparáveis. Gosto muito de correr ou nadar de manhã. Sinto-me em paz e mais saudável quando faço isso quatro vezes por semana.

"Consegue viver sempre de acordo com esses valores e ações, sem abrir mão deles?", Jonathan perguntou.

"Sim", o CEO disse. "É uma coisa que insisto em fazer, mas agora que estou falando nisso posso me imaginar vivendo de acordo com esses valores e o que eles me fazem sentir como pessoa."

Não pedimos às pessoas que vivam segundo seus valores no início de nossas sessões. Seria demais, logo de cara. Em vez disso, falamos primeiro de uma meta única e, em seguida, chegamos às questões de viver de acordo com os valores por meio de muita reflexão, incubação de pensamentos, refinamento das habilidades em criar imagens e a aplicação deliberada e específica. Estar presente e viver o momento, por exemplo, requer autodescoberta e a habilidade de controlar nossa atenção.

Instigamos em nossos clientes e grupos a vontade de ação. Eles anotam seus compromissos de comportamento, e, por fim, retornamos um passo após um resumo.

Assim como fazemos com nossos clientes, daremos agora a você esta tarefa final: escreva seus três compromissos de comportamento. Sinta-se à vontade para usar o modelo a seguir e anotar as respostas em seu diário; esse diário, aliás, já deve estar cheio de anotações, assim esperamos. Em cada um, dedique tempo para se imaginar fazendo. Especifique por que é importante e por que acha que está pronto para começar imediatamente.

1. Meu valor é ________________, e o que vou fazer é ________________.
2. Meu valor é ________________, e o que vou fazer é ________________.
3. Meu valor é ________________, e o que vou fazer é ________________.

Depois de escrever seus compromissos, você estará pronto. Faça o melhor possível para viver de acordo com eles, imaginando em detalhes multissensoriais *por que* oferecem propósito a você e aos outros. Seguir essas três regras ou compromissos de comportamento é uma prática que o definirá.

LIÇÃO 5:

Esteja presente com seus comportamentos, estabelecendo três compromissos.

EM RESUMO

Esteja ciente de seus valores.

Tenha curiosidade para aprender.

Seja detalhado no uso de imagens.

Esteja alerta aos seus sinais.

Esteja presente com seus comportamentos.

E depois?

Embora o *coaching* com imagens seja algo novo, o Treinamento Funcional de Imagens (*Functional Imagery Training* – FIT) não o é. Equipes que pesquisaram e desenvolveram o FIT, e o AIM, em tempos mais recentes, passaram por um processo de checagens de fidelidade, ou testes de garantia de qualidade. Fazemos questão de verificar se cada pesquisador foi rigorosamente testado de acordo com nossos altos padrões. Se você pretende se tornar *coach* de imagens, desenvolvemos uma série de treinamentos com certificação da International Coaching Federation.

Claro que este livro não faz de você um praticante de FIT ou AIM nem *coach* de imagens. Mas dá a você e a seu grupo as ferramentas para utilizar nossa abordagem: como usar o FIT e o AIM em primeira mão. Utilizamos ambos com base em pesquisa, desenvolvimento e muita prática aplicada a diversas áreas da vida. Você poderá aprender mais neste endereço: www.imagerycoaching.com.

Antes de ler este livro, talvez você sentisse que não estava onde queria no trabalho, nos relacionamentos, na família ou na saúde. Podia se sentir impotente contra os pensamentos e as imagens em sua cabeça. Agora, você dispõe das ferramentas para usar o controle remoto e escolher o canal. Muitos de nossos clientes chamam sua habilidade com imagens de superpoder. Concordamos. Use-a com sabedoria, e ela mudará sua vida. Esperamos que consiga aproveitar essa magia.

Agradecimentos

Este livro se baseia em pesquisa e em nosso uso aplicado do Treinamento Funcional de Imagens, que combina entrevista motivacional com criação de imagens. Somos gratos à Escola de Psicologia da Universidade de Plymouth por nos oferecer supervisão de treinamento e pesquisa, permitindo que nos tornássemos praticantes e desenvolvedores da abordagem.

Um agradecimento enorme à nossa agente, Eileen Cope, e à nossa editora, Lauren Marino, por assumirem riscos com dois autores iniciantes. Agradecemos também a Maya Hoffman e a Robin Colucci, nossos *coaches* de redação, as orientações, a paciência e o apoio geral ao ouvirem nossas ideias e não as deixar com muita cara de "livro didático", além de permitirem que mantivéssemos algumas piadas.

De Jo

Quero agradecer aos meus amigos e familiares o carinho e o apoio, principalmente meu pai, de noventa e cinco anos, e minha mãe, de noventa e um, por me ensinarem resiliência; meus clientes, por confiarem em mim com sua imaginação; e minha terapeuta, Roberta Shapiro, por me incentivar a me aventurar na Inglaterra e a ser treinada no FIT, além de insistir para eu encontrar a coragem de escrever, mesmo em momentos de desânimo.

De Jonathan

Em 2021, terminei de supervisionar meu centésimo projeto de pesquisa. Ao me conscientizar disso, não houve momento de champanhe nem tapinha nas costas; apenas era hora do projeto seguinte. É assim que funciona. Este livro é dedicado particularmente a todos os milhares de pesquisadores, acadêmicos, professores e participantes que apoiam uns aos outros e produzem projetos que disseminam conhecimento (incluindo aqueles que não chegam a ser publicados por causa da famigerada avaliação entre pares). Vocês são os heróis anônimos da educação – muito obrigado!

Por fim, agradeço a todos os amigos e familiares o apoio, sobretudo Katie, minha mulher, e Rory, meu filho (juntos, formamos o Time Rhodesy). Serei eternamente grato por seu amor, sua paciência e sua bondade. Espero que agora, no fim da leitura deste livro, vocês tenham uma ideia clara do que é meu trabalho.

Notas

Capítulo 1

1. Julie Tseng e Jordan Poppenk. "Brain meta-state transitions demarcate thoughts across task contexts exposing the mental noise of trait neuroticism." *Nature Communications* 11, n. 1 (2020): 1-12.
2. Roy F. Baumeister, Ellen Bratslavsky, Mark Muraven e Dianne M. Tice. "Ego depletion: is the active self a limited resource?" *In*: *Self-Regulation and Self-Control*, pp. 16-44. Routledge, 2018.
3. Organização Mundial de Saúde. "Obesity", 9 jun. 2021. Disponível em: www.who.int/news-room/facts-in-pictures/detail/6-facts-on-obesity.
4. Linda Solbrig, Ben Whalley, David J. Kavanagh, Jon May, Tracey Parkin, Ray Jones e Jackie Andrade. "Functional imagery training versus motivational interviewing for weight loss: a randomised controlled trial of brief individual interventions for overweight and obesity." *International Journal of Obesity* 43, n. 4 (2019): 883-894.
5. Human Connectome Project. "1200 Subjects Data Release", 1º mar. 2017. Disponível em: www.humanconnectome.org/study/hcp-young-adult/document/1200-subjects-data-release.
6. Tseng e Poppenk. "Brain meta-state transitions demarcate thoughts."
7. Macarena Suárez-Pellicioni, Maria Isabel Nunez-Pena e Angels Colome. "Math anxiety: a review of its cognitive consequences, psychophysiological

correlates, and brain bases." *Cognitive, Affective, and Behavioral Neuroscience* 16, n. 1 (2016): 3-22.

8. Jonathan Rhodes, Karol Nedza, Jon May, Thomas Jenkins e Tom Stone. "From couch to ultra marathon: using functional imagery training to enhance motivation." *Journal of Imagery Research in Sport and Physical Activity* 16, n. 1 (2021).
9. Karol Nedza e Jon May. "The impact of Functional Imagery Training on adherence to treatment, completion of rehabilitation exercise plan and confidence in recovery in sports therapy patients: pilot study: oral presentation B5.6." *Health and Fitness Journal of Canada* 14, n. 3 (2021).
10. Jon May, Jackie Andrade, David Kavanagh e Lucy Penfound. "Imagery and strength of craving for eating, drinking, and playing sport." *Cognition and Emotion* 22, n. 4 (2008): 633-650.
11. Daniel Kahneman. *Thinking, Fast and Slow*. Macmillan, 2011.
12. Robert L. Leahy. *The Worry Cure: Seven Steps to Stop Worry from Stopping You*. Harmony, 2006.
13. Alan D. Baddeley e Graham Hitch. "Working memory." *In*: *Psychology of Learning and Motivation*, v. 8, pp. 47-89. Academic Press, 1974.

Capítulo 2

1. William R. Miller, Cheryl A. Taylor e JoAnne C. West. "Focused versus broad-spectrum behavior therapy for problem drinkers." *Journal of Consulting and Clinical Psychology* 48, n. 5 (1980): 590.
2. William R. Miller. "Motivational interviewing with problem drinkers." *Behavioural and Cognitive Psychotherapy* 11, n. 2 (1983): 147-172.
3. William Miller e Stephen Rollnick. *Motivational Interviewing: Preparing People to Change Addictive Behavior*. Guilford Press, 1991.
4. Sune Rubak, Annelli Sandbak, Torsten Lauritzen e Bo Christensen. "Motivational interviewing: a systematic review and meta-analysis." *British Journal of General Practice* 55, n. 513 (2005): 305-312.
5. Brad W. Lundahl, Chelsea Kunz, Cynthia Brownell, Derrik Tollefson e Brian L. Burke. "A meta-analysis of motivational interviewing: twenty-five years of empirical studies." *Research on Social Work Practice* 20, n. 2 (2010): 137-160.

6. David J. Kavanagh, Jackie Andrade e Jon May. “Imaginary relish and exquisite torture: the elaborated intrusion theory of desire.” *Psychological Review* 112, n. 2 (2005): 446.

7. Jon May, Jackie Andrade, Nathalie Panabokke e David Kavanagh. “Images of desire: cognitive models of craving.” *Memory* 12, n. 4 (2004): 447-461.

8. Jackie Andrade, Marina Khalil, Jennifer Dickson, Jon May e David J. Kavanagh. “Functional Imagery Training to reduce snacking: testing a novel motivational intervention based on Elaborated Intrusion theory.” *Appetite* 100 (2016): 256-262.

9. Jon May, Jackie Andrade, David J. Kavanagh e Marion Hetherington. “Elaborated intrusion theory: a cognitive-emotional theory of food craving.” *Current Obesity Reports* 1, n. 2 (2012): 114-121.

10. William R. Miller, Janet C’de Baca, Daniel B. Matthews e Paula L. Wilbourne. “Personal Values Card Sort.” *Website* da Guilford Press, atualizado em 2011. Disponível em: www.guilford.com/add/miller11_old/pers_val.pdf?t.

Capítulo 4

1. Paivio, A. “Cognitive and motivational functions of imagery in human performance.” *Canadian Journal of Applied Sport Sciences*; *Journal Canadien des Sciences Appliquées au Sport* 10, n. 4 (1985): 22S-28S.

2. Corina Schuster, Roger Hilfiker, Oliver Amft, Anne Scheidhauer, Brian Andrews, Jenny Butler, Udo Kischka e Thierry Ettlin. “Best practice for motor imagery: a systematic literature review on motor imagery training elements in five different disciplines.” *BMC Medicine* 9, n. 1 (2011): 1-35.

3. Emily A. Holmes e Andrew Mathews. “Mental imagery and emotion: a special relationship?” *Emotion* 5, n. 4 (2005): 489.

4. Robert R. Henderson, Margaret M. Bradley e Peter J. Lang. “Emotional imagery and pupil diameter.” *Psychophysiology* 55, n. 6 (2018): e13050.

5. Esta seção se baseia no trabalho do psicólogo cognitivo David Marks e em sua pesquisa com o Questionário de Vividez de Imagens Visuais (Vividness of Visual Imagery Questionnaire – VVIQ).

6. Takashi Hanakawa, Ilka Immisch, Keiichiro Toma, Michael A. Dimyan, Peter Van Gelderen e Mark Hallett. “Functional properties of brain areas associated with motor execution and imagery.” *Journal of Neurophysiology* 89, n. 2 (2003): 989-1002.

7. Francis Galton. “Statistics of mental imagery.” *Mind* 5, n. 19 (1880): 301-318.

8. Jackie Andrade, Jon May, Catherine Deeprose, Sarah-Jane Baugh e Giorgio Ganis. "Assessing vividness of mental imagery: The Plymouth Sensory Imagery Questionnaire." *British Journal of Psychology* 105, n. 4 (2014): 547-563.
9. Adam Zeman, Michaela Dewar e Sergio Della Sala. "Reflections on aphantasia." *Cortex* 74 (2016): 336-337.
10. Jacqueline Williams, Cristina Omizzolo, Mary P. Galea e Alasdair Vance. "Motor imagery skills of children with attention deficit hyperactivity disorder and developmental coordination disorder." *Human Movement Science* 32, n. 1 (2013): 121-135.
11. Ursula Debarnot, Eleonora Castellani, Gaetano Valenza, Laura Sebastiani e Aymeric Guillot. "Daytime naps improve motor imagery learning." *Cognitive, Affective, and Behavioral Neuroscience* 11, n. 4 (2011): 541-550.
12. Stephanie M. McTighe, Rosemary A. Cowell, Boyer D. Winters, Timothy J. Bussey e Lisa M. Saksida. "Paradoxical false memory for objects after brain damage." *Science* 330, n. 6009 (2010): 1408-1410.
13. Alberto Crego, Socorro Rodriguez-Holguin, Maria Parada, Nayara Mota, Montserrat Corral e Fernando Cadaveira. "Reduced anterior prefrontal cortex activation in young binge drinkers during a visual working memory task." *Drug and Alcohol Dependence* 109, n. 1-3 (2010): 45-56.

Capítulo 5

1. Jonathan Rhodes. "The commando's mental mutiny and mindset." *The Psychologist* 4 (2022): 54-56.
2. Jonathan Rhodes. "Enhancing grit in elite athletes through functional imagery training." Tese de doutorado, Universidade de Plymouth, 2020.
3. Gabriele Oettingen. "Future thought and behaviour change." *European Review of Social Psychology* 23, n. 1 (2012): 1-63.
4. Friedemann Zenke e Wulfram Gerstner. "Hebbian plasticity requires compensatory processes on multiple timescales." *Philosophical Transactions of the Royal Society B: Biological Sciences* 372, n. 1715 (2017): 20160259.
5. Jonathan Rhodes, Karol Nedza, Jon May, Thomas Jenkins e Tom Stone. "From couch to ultra marathon: using functional imagery training to enhance motivation." *Journal of Imagery Research in Sport and Physical Activity* 16, n. 1 (2021).
6. Jonathan Rhodes, Jon May, Jackie Andrade e David Kavanagh. "Enhancing grit through functional imagery training in professional soccer." *Sport Psychologist* 32, n. 3 (2018): 220-225.

Capítulo 6

1. J. Rhodes, J. May, J. Andrade e R. Ramage. "Mindsets in Education" (apresentado na 8ª Reunião Pedagógica Anual do Instituto e Observatório de Pesquisa da Universidade de Plymouth, Plymouth, Reino Unido, abril de 2019). Disponível em: www.researchgate.net/publication/332371437_Mindsets_in_Education.

Capítulo 7

1. Jonathan Rhodes e Jon May. "Applied imagery for motivation: A person-centred model." *International Journal of Sport and Exercise Psychology* (2021): 1-20.
2. Jonathan Rhodes, Karol Nedza, Jon May, Thomas Jenkins e Tom Stone. "From couch to ultra marathon: using functional imagery training to enhance motivation." *Journal of Imagery Research in Sport and Physical Activity* 16, n. 1 (2021).

Capítulo 8

1. Michael Blanding. "National health costs could decrease if managers reduce work stress." Harvard Business School, 26 jan. 2015. Disponível em: https://hbswk.hbs.edu/item/national-health-costs-could-decrease-if-managers-reduce-work-stress.
2. Nathan Olivarez-Giles. "Former YouSendIt CEO admits to cyber-attack on the company." *Los Angeles Times*, 28 jun. 2011. Disponível em: www.latimes.com/business/la-xpm-2011-jun-28-la-fi-yousendit-20110628-story.html.
3. Woogul Lee, Johnmarshall Reeve, Yiqun Xue e Jinhu Xiong. "Neural differences between intrinsic reasons for doing versus extrinsic reasons for doing: An fMRI study." *Neuroscience Research* 73, n. 1 (2012): 68-72.
4. *Site* do Grupo Paul Hertz. Disponível em: www.paulhertzgroup.com. Acesso em: 13 set. 2022.

Capítulo 9

1. Abraham Harold Maslow. "A dynamic theory of human motivation." 1958.
2. Louis Tay e Ed Diener. "Needs and subjective well-being around the world." *Journal of Personality and Social Psychology* 101, n. 2 (2011): 354.
3. Nasa. "Arctic sea ice minimum extent", 13 jul. 2022. Disponível em: https://climate.nasa.gov/vital-signs/arctic-sea-ice/.

4. Jon May, Emma Redding, Sarah Whatley, Klara Łucznik, Lucie Clements, Rebecca Weber, John Sikorski e Sara Reed. "Enhancing creativity by training metacognitive skills in mental imagery." *Thinking Skills and Creativity* 38 (2020): 100739.
5. Daniel Coyle. *The Talent Code: Unlocking the Secret of Skill in Maths, Art, Music, Sport, and Just About Everything Else*. Random House, 2009.